しつけのルール

3つのコツで楽しく子育て

信 千秋
Shin Senshu

総合法令

はじめに

少しまえですが子宝という言葉がありました。いまではあまり使われていませんが、当時は実際にそう思われていたのです。それどころか国の宝などともいわれてチヤホヤされていたときもありました。

近ごろは、妊娠してからの結婚式もよくあるようで、できちゃった結婚などと、うれしいのかふざけているのか、宝物を授かった喜びの気持ちなどどこへやら。

少子高齢化の時代で社会の将来はどう考えても明るいとはいえません。たまたま、電車やバスの中で、子どもづれの若いお母さんを見かけると、ほっとうれしくなり、なんだかエールを贈りたくなります。そして、多少騒いでもいいから元気に育ててほしいと願うのです。

なかにはうるさいと、まわりで眉をひそめる大人がいてもです。私たち大人の未来を支えてくれるのは、いま育ちつつあるこの子どもたちしかいないのです。もっと自信を持って社会の協力を要求してもいいと思いますよ、若いお母さんたち。

この本ではこの宝物をピカピカにみがいて育てる、子育てでもっとも大事なしつけの伝え方と甘えの受け方のコツをまとめてみました。あまりにも間違いやら勘違いが氾濫して、お母さんたちを惑わしているからです。しつけと訓練の混同、甘えと甘やかしのゴッチャ混ぜ、はては、しつけという言い訳での虐待。子どもにもつらいことが多すぎます。

子育てを本来の楽しいものにするために、本当に必要な子育ての大切なルール。心の土台のつくり方と、三つのしつけの仕方を伝えたいと思います。

この育て方が、子どもの天与の力を伸ばし、すてきな人生を支えてくれるでしょう。

お母さん自信を持って楽しい子育てを！

信　千秋

しつけのルール——3つのコツで楽しく子育て◉目次

第2章 三つの「しつけのルール」で楽しく子育て

――心の袋を大きくすると「しつけ」はしやすい

第6章　子育ての中の「育児力」を強くする　133

——教育に偏ると育児力は低下する

第7章 「子育てしつけ」の悩みQ&A

――お母さんは母性の力を信じよう

第8章 「しつけ」と「甘え」のルール　185
——育児力を強くするセミナーカリキュラム

装丁・イラスト／霜田りえこ

第1章

「しつけ」と「甘え」が子育てを決める

——— 間違った「しつけ」は子育ての悩みのもとになる

子育ての柱は「愛情を伝えること」と「しつけ」の二本だて

「子どもを育てる」——人はずいぶん昔からこのことを繰り返してきました。考えてみると、子育てほどやさしい仕事はないとも、また、子育てほど難しい事業はないともいえるでしょう。

私たち人間に比べると、他の生き物たちは自然に任せきりでまああの子育てしかしていないのに、その子どもたちはそれなりに育っています。

読者のみなさんがよくご存知のとおり、私たちの子育てでもっとも大事なのは、子どもの「命」と「心」を守り育てることです。そのために、祖父母から父母へ、そして私たちと長いあいだ伝えられてきた貴重な子育ての行動の知恵もありました。

人々は長い子育ての歴史の中で、子どもへの「愛情の与え方」と、子どもの「自立へのしつけ」という相反性（互いに反する）の育て方を両立させるため苦心してきました。その中でもすぐれた子育て法がいまも残り、ノウハウとして伝えられています。

子どものあるがままを受け入れ慈《いつく》しむのが愛の子育てです。それに反して、子どもの成長にあう自立心を促すために、行動の知恵を伝えるのが「しつけ」です。

つまり、「しつけ」は子どものあるがままへの介入で、習慣変更を迫るものです。それだけ子育てにはこの相反する対応の仕方の慎重さが望まれるのです。

ここ数十年の急激な社会の変化にともなって、私たちの生活も変わり子育ても核家族という心身ともに閉じ込められた状態が一般化されてきました。そして子育てのコツもしつけの知恵を伝える家族同士のつながりもだんだん心細くなってきました。

では、昔からの一〇〇万年に及ぶ膨大な年月での子育てのノウハウは、それほど不要な知恵だったのでしょうか。もしも、そのときどきの「子育てしつけ」が間違っていたとしたら、その子孫である私たちはたぶん存在していなかったはずです。

いまは子どもの育て方や教育が困難な時代だとよく強調されていますが、はたしてそうでしょうか。時間を五〇年や一〇〇年ちょっとさかのぼっても、子育てや教育が本当に理想的な環境だったなどという国や時代は見つかりません。

子育てはいつも多くの苦難の中で行われてきたのです。いつの時代の父母も困難にひるまず、昔から伝わった子育てのノウハウをもって子どもを育ててきたのです。

氾濫する間違い子育て

子育ては子どもの「心の充実」と「心身のしつけ」から始まります。もともと生命は楽しさ（快適さ）の追求から生まれたものですから、当然として子どもの命も心も楽しさを求めています。ですから当然、「子育てしつけ」も〝楽しく〟が基本です。

なかには〝殴るしつけ〟がいいなど、とんでもない暴力的な〝脅迫しつけ〟まで持ちだす人もいますが、これは生命の本質が分からない無責任な人がいいだしたことです。あと暴力的子育ての連鎖（殴られて育てられた子どもは、親になったとき、殴るしつけでしか子育てができない）が続くのを理解できないのでしょう。

生命は苦痛の中では育ちません。おびえは心を歪《ゆが》ませ命を縮めます。殴られて育った子どもは、心身に反抗心と復讐心《ふくしゅう》を潜在的に植えつけられるのです。その子が大人になれば、やっぱり殴る子育てを繰り返すようになるものです。

私がなぜ、わざわざ「子育てしつけ」と「しつけ」の頭に「子育て」をつけるかというと、いまよく使われている〝しつけ〟という言葉の使い方にあまりにも間違いが多く、本当の意味からほど遠くなって、目的も手段も見失われているように感じるからです。

お母さんの中には「うちの三歳の息子には行儀作法も厳しくしつけていますので」とおっしゃる人がいますが、これなどは、すでに訓練（トレーニング）や学習をしつけと思い込んでいる〝勘違いしつけ〟です。本来のしつけは、子どもの心身の行動能力の訓練や、行儀作法などの学習のようなものとは、まったく違うことに気づいてください。

子育てのとき、子ども自身の自立精神を促し、生き方を楽しく豊かにする行動の知恵を伝えるのが「子育てしつけ」の目的です。

具体的な「子育てしつけ」の方法についてはあとの章に詳しく書いてありますから、ここではまずしつけの見分け方を知っていただきたいと思います。

「子育てしつけ」には三つの領域があることを知りましょう。まず、子ども自身が自分の情緒をコントロール（調整）できるようにする「情調」のしつけ。つぎに、子どもが自分自身の体を整えられるようにする「体調」のしつけ。そして、まわりの友だちや人や物事とよいかかわり合いができるための「親和」のしつけとなります。

大事なのは、この三つはそれぞれしつけ方が違うということです。これが「子育てしつけ」の基本です。心を充実させる情緒安定のしつけは、楽しい触れ合いで伝えるのがコツです。また、心身の体調や親和のしつけは体感で伝えるのがコツとなります。これを混同したり、はじめの目的を見失うと〝勘違いしつけ〟、つまり間違い子育てになってしまうのです。

「子育てしつけ」とは、子どもの情調と体調と親和を整えて、人としての基盤を形作ることですから、建築にたとえれば基礎工事の領域になります。「訓練」や「学習」はその上に築かれる建物といえます。これを混同して基礎工事と建物や内装工事を同時にしたら建築はガタガタになります。物事には順序があるのです。基礎工事（子育てしつけ）がしっかりと安定したあとで、建物（社会や集団生活のルールなどの訓練、学習）を築けば、りっぱに建築物（人柄）は完成します。

もともと子育てには、お母さんの愛情を伝えて情緒を安定させることと、また、子どもを自立へ促すしつけという二つの領域があります。

ところが、この「情緒を安定させること」と「自立を促すしつけ」の領域とは、子どもの立場から見るとまったく相反するものです。

「子育てしつけ」の困難さの理由はここにあります。この相反する領域をどううまく両立させるかで、いつも悩みもめてきました。さらには「子育てしつけ」の中に訓練という他の領域が紛れ込み、〝勘違いしつけ〟を多くつくりだしたのです。

勘違いしつけとは、子どものためにするという名分で、実は大人の思いどおりに動かしたいという押しつけが多く、「言葉での強制か体罰での脅しかの潜在的暴力」が含まれている対応の仕方でした。

しかし、この対応では子どもの心の歪みはますます悪化してしまいます。子どもが納得していないからです。スポーツクラブや行儀作法などでしごくときの訓練は、あくまでトレーニングであって、「子育てしつけ」ではありません。

言葉で聞かなければ体罰で脅す、という勘違いしつけの致命的欠陥は「体罰でも効果がないときはどうするか」が見落とされている点にあります。結局はその子を殺すことになるのではないでしょうか。子育てしつけの意味を取り違え感情的になり、子どもを納得させられない、自身の教え方のまずさが反省されていないのです。

心を満たす育て方、心が消耗する育て方

私たちは「甘え」という言葉に悪いイメージを持っていますが、すべての生命は、ある時期に「甘え」の欲求を満たされることなくしては生育できません。

子育てのコツはなんといっても、三歳までにとことん甘えの欲求を満たしてやるということです。「そんなことしたら、わがままな人間になってしまうのでは?」と思われるお母さんもいるでしょう。でもそれは間違いです。「甘やかす」ことと「甘えさせる」ことは違うのです。

「自分は受け入れられている」という確認を得ようとする行為、それが「甘え」です。生命と心の成育に大切な甘えの質と、満たす時期のルールについては、拙著『甘えのルール――赤ちゃんにあなたの愛情を伝える方法』(総合法令出版)に詳しくまとめましたので、ぜひご参照ください。

さて、子どもは生まれた瞬間から、お母さんに対して「甘え」の感情を満たすこと(抱かれたい)と生存欲(授乳されたい)を要求します。

読者のみなさんは当然のこととして赤ちゃんを抱き、授乳してきたはずです。ただ、実はそのとき、もっとも大切なのは「皮膚の触れ合い方」がよいか悪いかなのです。

なぜかというと、胎児、新生児のうちは生理学でいう五官(耳、鼻、口、目、三半規管)がまだ完成されていないので、体でいちばん情報の受容能力が大きいのは皮膚です。そのため、この時期はとくに皮膚への刺激を最重要視しなくてはなりません。ですから、愛情体験のインプットには、お母さんと子どもの肌の触れ合う接触刺激がいちばん効果的なのです。このことを意識せずに、多くのお母さんが漠然と子育てしているのは大きな問題です。まずはじめに子どもの甘えの欲求が満たされないと、あとのしつけが心よく受け入れられません。

ところで、人の妊娠出産をみてみると、〇・数ミリの受精卵が卵分割と増殖を始めてから二八〇日で三キログラム以上にまで成長していきます。

なかでも神秘的なのは胎芽のときの変化です。受精して八週間のあいだに、生命の進化形態のプロセスをすべてなぞっていきます。単細胞からアメーバへ、そして魚類、は虫類、動物形態、それから人間の胎児となります。これは、細胞内に組み込まれた設計図どおりに形質が決められているからです。このとき、すべての時点で絶えず行っているのが愛情の確認行為である「甘え」です。

各細胞は「感性と記憶と性質」をもって増殖しています。ときには記憶が勘違いしたりすると、妙なところにホクロやアザとして発生したりして、あとあと本人を悩ますようになることもあります。でもこのような形質遺伝は学問的にも深く追究されて、ほとんどが解明されつつあります。

ただ、問題は「細胞の意思」です。これはまだ多くが未解明の分野で、その存在する場所すら不明ですが、しかしたしかに実在しているのは間違いありません。各細胞にはそれぞれ独立した意思があるのです。

「細胞には意思がある」ことは、いまでは世界中の分子生物学者や免疫学者も認めています。私たちの体内にある免疫系などはそのいい例です。

ケチのあまりに賞味期限が過ぎた食品を食べたりして、悪い雑菌が体内に侵入して増殖しはじめると、あっという間に白血球やリンパ球などの免疫細胞が寄ってたかってこの雑菌をやっつけてくれます。

これはもちろん脳の指令などではありません。細胞の意思だけによります。

私たちもその意思に従って人間の形質ができあがっているのです。意思は生命進化の三八億年のプロセスを記憶し現在まで伝えてきたのです。私たちの心はこの意思の連携で動いているのです。

成人の形質は約六〇兆の細胞で作られています。つまり、実に心は全身に六〇兆個あるということになります。心の基礎成育期である「周産期」（妊娠から出生後三年間）の四年間に十分に甘えを満たすことが重要なのは、皮膚をとおしてこの六〇兆の心の全部に満足感を与えることになるためです。

子育ての目標について多くのご両親に聞いてみたところ、次の四項目になりました。

◉子育ての目標

1、知性と感性の豊かな子
2、愛とやさしさにあふれた子
3、勇気と根性に満ちた子
4、健康でやる気のある子

この四項目の土台、基礎を育てる時期は周産期です。そして、築く当事者はご両親であり、なかでも強い影響力を持つのはお母さんであるということをまずは理解してください。

子どもの人柄の土台はお母さんによってつくられます。どれほどすぐれた教育者もこの時期のお母さんのかわりはできないのです。

子どもの人柄を育てる基本は「愛情の伝え方」ですが、しばしばこのすれ違いが起こります。子どもの心が歪むのはこのときです。正しい伝え方（触れ合い方）さえ分かれば、間違っても直すことは可能ですし、はじめから分かっていればすれ違いは起こりません。

よくいわれる五感育児法という育て方がありますが、この育児法には不足しているものがあります。心を育てるもっとも重要な皮膚触覚が抜け落ちているのです。

五感覚とは聴覚、嗅覚、味覚、視覚、平衡覚の五つですが、これらはすべて首から上に集中しています。このような頭だけに働きかける育て方では、ほとんどの子どもがいわゆる〝心ない頭でっかち〟になって、冷たい人柄の人間になるのも無理はありません。

子育てで大事なものは、皮膚全体に分布している「体性感覚」という受容体への触れ合いの仕方です。

子育てのコツは、心を十分に満たしてからしつけること

どんなにすぐれた自動車でもガソリンがなくては走ることはできません。子どもをしつけるときも同様です。日常生活の箸《はし》の上げ下げ、食事の仕方のしつけひとつでも、子どもにとってはすべてエネルギーの消耗になることです。

しつけはエネルギー、つまりガソリンを十分に補給してからしましょう。心を満たすガソリンの補給作業が「甘え」という愛情の確認行為です。子どもの心を愛で満たし、それからしつけを始めるとお母さんもびっくりするほどスムーズにしつけが伝わるのです。

まわりの自然界での生物の子育てを見てみましょう。どの動物も、生まれたばかりの子どもに話しかけなどはしていません。

動物の世界での愛情の交流は、皮膚の触れ合いしかありません。舌で子どもをなめまわし体で温めています。いまの人間の子育てに抜け落ちている、この感覚に対する触れ合いの仕方が、実は、生き物の生き方を守る行動の知恵を伝えるしつけなのです。

他の動物と比べると、人の心の基礎成育期は四年間ととくに長くなっています。他の動

物は生まれた瞬間から歩きはじめるものがほとんどです。それだけ人は複雑な成長をしているのです。

どういうことかというと、できれば四年間はお母さんの胎内にいなければならないのに、人は脳が大きく発達しすぎたために一〇カ月で未熟出産となったのです。それで新生児期を別名、子宮外胎児期ということもあるのです。

それだけ周産期の子育ては、出産前後から慎重に行う必要があります。胎児期に全身を温かく包み保護していた子宮から、未熟な成長のまま外界に放り出されたわけですから、子どもの心は不安と恐れでおびえているのです。

この時期は「体性感覚（皮膚から受ける感覚）への快感刺激」がもっともよく伝わるときです。体性感覚に快感刺激を与える子育てを「体感子育て」といいます。お母さんが肌を密着し、温かい柔らかい皮膚の触れ合いで子どもの全身を抱きしめ安心させることが、体にとっての栄養である母乳と同様に、心の栄養としてぜひ必要となります。

さらに出生後の三年間も同様に、この「体感子育て」をすることが重要です。当然に子どもの体の成長にあわせ変化した接触の応用となりますが、基本的には変わらないことを覚えておいてください。

周産期の四年間の体感子育てが成功すれば、子どもの心にもっとも必要な強い意思と生存力を育てられます。それが大きな免疫力となって心の自立を早めるのです。周産期の乳幼児の子育てはもちろん児童期や思春期までも、「体感子育て」は効果的に心を強くたくましく成長させます。それは自然の原則にあう子育てだからです。

人はいくつになっても、愛する人に甘えたい感情があるのが自然です。ただ、そのときどきの成長度にあわせて触れ合い方を変化させましょう。

子どもの感情の微妙な変化を知り、それに応じて子どもの希望している愛情を満たすことが心のすれ違いをふせぐのです。しかし、子どもの「甘えの感情」を満たすことと、子どもの「物質的な要求」などを満たすことを混同すると、一般によくいわれる「甘やかし」になりますから注意して峻別しましょう。

ただ、体感子育ては愛情を伝えることを目的にした触れ合いですから、お母さんが子どもに対して深い愛情を感じていなければ成り立ちません。

とにかく子どもに惚れることから始まるのです。惚れれば子どもの欠点も長所に見えだします。どの子どもにも必ずあるよいところを見つけるのです。

このような長所の発見と伸ばし方を「長所伸展育児法」といいます。これについてはあとの章で詳しく述べますが、子どもの間違い育児の直し方にも活用することができます。

長所伸展育児法は子どもの心の育ち方と成長度に応じて、いくらでも変化させ応用できるものです。子どもの年齢にかかわらずです。これも大事なことと覚えていてください。

ただ、いつも子どもの欠点やアラ探しをしているお母さんには、この体感子育てでのしつけはちょっと無理かもしれませんが……。

まえに愛情の確認が甘えという心で出るといいましたが、その仕方は、お母さんと子どもが皮膚の触れ合いを受け入れ合うことになります。

それと反対に子どもの自立を促すしつけとは、自分で生活行動ができる知恵を伝える対応ですから、つかず離れず見守るという、まえと相反する仕方になるのです。

それだけ幼児期には、この「甘えを満たす仕方」と「しつける仕方」双方の割合の慎重な配分が大事です。満一歳前後では甘えを満たす仕方を九割、しつける仕方が一割で、満三歳を過ぎるころから、甘え五割にしつけ五割と成長にあわせ随時変化させていきます。

周産期の四年間は、心と体のしつけがしやすいとき

なにごとにもグッドタイミングというときがあります。当然、「子育てしつけ」にも最良の時期があります。少しめんどうな話になりますが、子育て全般にも必要なことですからしばらくしんぼうして読んでください。

よく「三つ子の魂百まで」といいます。三歳までにしつけられた人柄は一〇〇歳まで続くということわざですが、さて私はまだ一〇〇年は生きていないのでどうかは分かりません。

ただ、人の体質や感性や性格と情緒など個性といわれるものは、多くが満三歳頃までに方向づいているのではと、自身の三〇年に及ぶ母子相談から感じてきました。

心の子育ての場合、私は受精から妊娠、出産、乳幼児期を通算して四年間を子育ての「周産期」と呼んでいます。文字どおり〝お産の周りの期間〟という意味です

医学的な周産期とは妊娠二八週から分娩後一週間の時期を指していますが、子育ての周産期では、もっと幅広く生後満三歳までぐらいを子どもの基礎成育期ととらえています。

子どもの脳の神経細胞のシナプスのつながりや、心身の自律神経の整備などの約九〇%が三歳前後に確立するからです。

実際に「子育てしつけ」は、受精の瞬間から始まっています。昔から胎教といわれた胎児期教育も、迷信的なものを除けば、まさにそのタイミングをグッドなものにしようとして伝えられたのでしょう。

さきほど「細胞の意思」について少しふれましたが、妊娠中、はじめの一個の卵細胞から数兆個にまで増殖（胎児の成育）する時期に、細胞の意思に働きかけることは、たいへん重要な意味があります。それは、形質の完成までに細胞の意思によい記憶を与える胎教を行うと、よい記憶を持った細胞の大増殖につながるということです。

出生後は、皮膚の触れ合いの仕方によって子どもの「細胞の感性」に働きかけます。これは、全身細胞の約一〇%が皮膚表面にあるからです。つまり「体感子育て」の原理です。

幼児期に水泳とか、自転車の乗り方を覚えると、成人してからも忘れることはありません。これは体性感覚をとおして各細胞が状況を記憶し意思を働かしているからです。

ところが各細胞は（脳細胞を除いて）約三年間でそれぞれ入れ替えられています。これは、全細胞が「意思」と「記憶」をはっきりと次世代の細胞に伝えている証明です。

十数年ほど前になりますが、当時の上野動物園園長・朝倉繁春教授とお話ししたことがあります。私が「もし動物園の金網をすべて取り払ったら、動物たちはどうするでしょうか」と聞くと、「たぶん全部逃げていなくなるでしょう」といわれました。野生はもとより園内で生まれ育った動物もすべてということです。

安全な檻内で、食べ物にも恵まれてなに不自由なく暮らしているはずの動物たちも、完全に自由な生き方が欲しいのです。数百万年前、動物たちは自由な生活を謳歌《おうか》していました。現代の生命に危険が及びやすい状況や環境の中でも、その楽しかった数百万年前の細胞の記憶と意思が、かつての大自然の懐へ戻りたいという郷愁として、しっかり根づいているからではないでしょうか。

いま遺伝子科学が世界的に深く広がっています。インフルエンザのワクチン生成や、臓器移植の拒絶反応の制御などなど、すべての可能性が生体の免疫力の改造と抑制にあると思われているのでしょう。そして生体としての細胞のタンパク質やアミノ酸の配列など、いろいろといじりまわして、人に都合のいいものに作り直そうとしています。

しかし大事なのは、各細胞の意思はどうなるのか、ということではないでしょうか。いまふうにいうと、「三センチの虫にも一・五センチの魂」があることを忘れているようです。もっと微小生物の意思にも心くばりをして尊重していただきたいと思います。

すぐれた「子育てしつけ」には各細胞の意思を大切にすることが重要です。皮膚への快感接触は、皮膚細胞の「感性」に直接に働きかけ、細胞によい記憶を蓄積していきます。細胞の意思は全身に連携していますから、子どもの全体の心（意思）によい記憶を残すのです。

この細胞の意思を尊重する（各細胞の期待する甘えの要求を満たす）ことが、「情調のしつけ」（子どもの情緒の安定を目的とするしつけ。あとで詳述）を受け入れる土台の強化となるのです。

いわゆる「五感」より重要な影響力を持つ「体性感覚」は、私たちの全身の皮膚に広がっており、外部環境からの刺激のよい悪いを分別し、よいものは受け入れて記憶し、悪いものは受け入れを拒否しようとします。これが「心の免疫力」の作られ方です。心をしつけるとは、この「免疫力」（耐性）を強化することなのです。

「抱きしめ授乳」や「添い寝」、「だっこ」に「おんぶ」などが、すぐれた子育てしつけであるのは、体性感覚によい快感を与え体に記憶させていくからです。

「体性感覚」とは全身の皮膚の下にある「刺激の受容体」のことですが、温度刺激、疼痛《とうつう》刺激、圧迫刺激などによってそれぞれ受容体が違います。なかでも体感子育てに大きな役割を果たすのが「パチニ小体」という受容体です。パチニ小体は、全身の触感覚が受けた快感刺激を専門に受け取り、脊髄をとおして小脳に記憶させます。

すると小脳は、その記憶を全身の細胞群に再配分します。このよい記憶こそ、子どもの心をよい方向にしつける源泉となるのです。

ただ、このパチニ小体は他の受容体に比較して皮下の少々深いところ（皮膚下三ミリほど）にあるので、刺激するためにはある程度の圧力が必要であることを理解しましょう。

ここまでお話ししたとおり、子どもの心身の成長過程とは、細胞の分裂増殖のプロセスそのものです。細胞の増殖によい環境を整え、その意思に強い生存力と免疫性を与えるのが、「子育てしつけ」の大切な目的だということを覚えてください。

しつけには「情調」と「体調」と「親和」の領域がある

子育てやしつけのよい悪いについて語るとき、私たちは、すぐ環境のよい悪いを問題にしますが、この環境という言葉ほどあいまいで無責任な表現はありません。地域社会や教育の現場、はては自然環境などと、つぎつぎと漠然とした対象を探しだします。ついには思想哲学や政治体制まで持ちだします。みなさん、それぞれの子育て・教育の責任回避のために、原因を他に押しつけているのではないでしょうか。

子どもの知能教育や健康のレベルについては、たしかに多くの要因があるため特定の責任者不明となりがちです。まわりの環境の影響で変化することもあるでしょう。しかし、子どもの心の育つ時期の周産期（受胎から出産後の四年間）までの影響なら、あやふやな環境責任論では逃げられません。

胎児期から乳幼児期そして児童期と、幼い子どもを取り巻く環境は必ず特定できなくてはならないのです。だれが子どもを保護し、どのように育てるか。責任者不在では、子どもは心の迷子となってしまいます。

さて、ここでしつけの中身について考えてみましょう。さきほどふれたように、しつけには三つの領域があります。一つは情調性（エグザティシズム exoticism）「情緒の自制力」のしつけです。二つめは体調性（ステイト・オブ・ヘルス state of health）「身体の節制力」のしつけで、三つめが親和性（アミティ amity）「社会との調和力」のしつけです。

簡単にしつけといっても、それぞれのしつけの領域にはこのような違いがあるのです。具体的なしつけ方は後の章で述べることにして、ここではその考え方を説明しましょう。

子どもの心の「情調」と「体調」と「親和」の三つの領域はよく混同されがちです。「情調」のしつけと、「体調」と「親和」のしつけは、とくにはっきりと区別しましょう。体調のしつけや親和のしつけは、あるていど、お母さんでなくてもできますから、お父さんや身近な人に協力を頼むのもいいことです。

しかし、情調性のしつけだけはお母さんの仕事です。

情調性のしつけというのは、子どもの情緒の安定を目標にします。もともと子どもの情緒は、本人の感性と性格のかかわり合いから生まれたものですが、これが日々の対人関係と環境の影響を受けて絶えず変化し、安定したり不安定になったりしています。

子どもは情緒不安定になるとしぐさや動作に出てきます。

絶えず頭をかきむしる、すぐ目をパチパチする、ほほをピクピクさせる、じっとできない、いうことを聞かない、目線を合わせない、人を無視する、したいことに執着する、わがままをふり回す、すぐに泣きわめくなどです。

この安定と不安定の波をできるだけ小さくし、情緒性のパニックを引き起こさないように安定させるのが情調性のしつけですが、この不安は「甘えの不足」の欲求不満からきていますから、お母さんが原因を理解して与えるのが最適なのです。そうすることで、この波はだんだん小さくなっていきます。それが情緒の安定を永続させるしつけになるのです。

情調性のしつけはタッチング（touching）、つまり感動の触れ合いを多く与えるのが基本です。

「甘えを満たす」が情調性のしつけのキーワードです。

つぎに子ども自身の体調性のしつけですが、これが意外となりゆきまかせのお母さんがいます。子どもの体の整え方というよりは、親の思いどおりにならないとただ怒りまくるという仕方では、まず、いいしつけにはなりません。

体調性のしつけがうまくいっていない例としては、野菜嫌いなどの好き嫌いの多さ、乱暴な食べ方、遊び食い、おむつ離れの遅れ、排便習慣の拒否、風呂嫌い、洗面嫌いや着がえを嫌がるなどがあります。

体調性のしつけが難しいときは、乳幼児期のお母さんのしつけ、つまり伝え方のつまずきが、子どもの体に不快な体感として残っている場合が多いのです。体を整えるしつけは、お母さんが行為して見せて覚えさせるのが肝要です。

体調性のしつけはグルーミング（grooming）、つまり身づくろいを覚えさせるのが基本です。

「やさしく何度も繰り返し見せる」が体調性のしつけのキーワードです。

つぎに、親和性のしつけです。情調のしつけに似たところもありますが、これは子どもと周囲の人や物事のかかわり方で、その動きや行為のよい悪いに関係します。友だちに嚙みついたり、頭の毛を引っ張ったり、おもちゃをだれにも貸さない、友だちやまわりの人と親和しないかかわり方、モノや道具を粗末にする、といった人や動物や物事に反抗的な習慣を変え、思いやりとやさしさのある人柄を身につけさせるのが親和性のしつけとなります。

親和性のしつけはブリーディング（breeding）、つまり養育するが基本です。

「快感経験の蓄積」が親和性のしつけのキーワードです。

幼児が目覚めたとき、お母さんが「○○ちゃんおはよう」といって抱きしめ、ほほずりして愛を伝えます。これが情調性のしつけの一つです。

また洗面や着替えのとき、幼児自身でできることは、時間がかかっても手を出さない、やさしく繰り返し手本を見せ、あせらずに待つ。これが体調性のしつけの一つです。

食事中、幼児がわざと茶碗を壊したときなど、お母さんは叱らず「あーあ、茶碗ちゃんが壊れて、痛い痛いとかわいそう」といって涙ぐみます。幼児は、お母さんを悲しませないようにしようと心に納めます。これが親和性のしつけの一つです。

この三つのしつけが不十分のまま、子どもが成長し集団社会（保育園や幼稚園、小学校）への参加が始まると、いろいろなルールにぶつかります。急にこのルールに従わせようと強制しても解決しません。これはしつけとは違う〝訓練〟で築くことですから。

それは基礎工事をしないで建築物を建てるようなものです。それまでの基本的なしつけがなされていないと、社会的ルールを守るということがよく実感できないのです。受け入れる下地が作られていないからです。

たとえば学級崩壊、授業中に教室内でワァワァ騒ぐなどは、教育技術をいくらいじり回しても解決はできないでしょう。根は基礎的しつけの未熟さにあるからです。

いま医学界では、病気治療のときの患者さんに対してのインフォームドコンセント（合理的説明と納得）の大切さがよくいわれています。

基礎的なしつけさえできていたら、あとは、子ども自身が社会的ルールの合理的説明を納得して合意すれば、トレーニング（training）、つまり訓練と学習でその社会的ルールは身につくものです。これはしつけとは別領域のものなのです。

ソフト・ランディング（軟着陸）がしつけの基本

昔から「這《は》えば立て、立てば歩めの親心」という言葉がありますが、子どもが心身ともに日々成長することを願っている、お父さんやお母さんの気持ちを表わしたものでしょう。子どもは成長に応じて、母乳から離乳して普通食へと切り替わり、両手足を使ってのハイハイから立って歩くようになり、オムツ離れをしてオマルへ移行するなど、絶えず変化が起こります。

実は、しつけの大事な目的の一つは、そのときどきの子どもの成長に合わせて、変化する生活環境にうまく適応できるよう「習慣の変更」を伝えることでもあるのです。ただこの習慣の変更というのは、たとえば転居、転職などのとき大人でも大きな不安とおびえを持つものですから、とくに子どもには慎重な仕方が望まれます。なぜなら子どもはそれだけ情緒的に未成熟だからです。

ちかごろよくソフト・ランディング（soft landing）という言葉が使われます。もとももとは宇宙船の着陸のとき軟着陸しようという意味でした。〝硬着陸〟すれば宇宙船は破壊されるからです。それが他にも転用されて多く使われています。

このソフトな慣性の変更ということが、子育てしつけにかかわる場合、心してほしい対応の原則となります。

母胎内から出生時、また乳幼児期とめまぐるしく激変するまわりの状況と環境に、子どもの心は不安でおびえているのです。胎児、乳児、幼児と成長するたびに、やっと慣れ親しんだ生活習慣がつぎつぎと変わっていきます。

このような習慣の変更こそソフトにしなければ当然子どもの心は傷つきます。厳しい訓練のハード・ランディング（hard landing）は、百害あって一利なしです。

昔からこのソフト・ランディング的子育てしつけは、多くのお母さんが自然に行ってきたものです。たとえば、いままでハイハイをしていた赤ちゃんがやっと伝い歩きから、両足で立ちあがって歩きだした場面を考えてみましょう。

そのときお母さんはわざと離れて「ここまでおいで、あんよは上手」とほほ笑み、手招きして見守ります。これは「愛の引力による誘導」といって、子育てしつけのソフト・ランディングの基本的なものです。

情調性のしつけや体調性のしつけ、また親和性のしつけも、違った領域ですから仕方はそれぞれ変わりますが、この愛の引力による誘導のソフト・ランディングは、すべてのしつけに共通の原則となるものです。

ちかごろの効率至上主義などがお母さんたちを惑わせ、〝硬着陸〟つまり激突着陸で習慣の変更をする人が増えてきました。勘違いしつけの氾濫です。

しつけと称する言い訳での児童虐待の事件は、二〇〇一年の厚生労働省の調査発表でも一万八八〇四件で、一〇年前からすると一六倍も激増しています。

また、出生率の低下（一九九八年の特殊出生率一・三八、出生数一一〇万七〇六四人）による少子化が問題となっています。一九四九年には特殊出生率四・三二で出生数二六九万六六三八人でした。約五〇年で出生数が半分以下になるという事態です。

この少子化の原因が、すぐ環境問題とか経済事情とかに結びつけられていますが、私の三万人に及ぶお母さんたちからのリサーチでは、いちばん多い理由は「子育てやしつけに自信が持てない」「子育てが楽しくない」「子どもの将来に希望が持てない」などでした。

ここに少子化対策の問題点もはっきりと出ていると思います。いま必要なのは、ご両親となる方々が子育てやしつけの仕方に自信を持てるような、楽しさと希望について伝えることではないでしょうか。一人でも多くのお母さんが、このソフトな子育てしつけを応用して、子育てに自信を持って取り組んでほしいと願っています。

いま広がっている〝間違いしつけ〟は、子どもの心を破壊してしまうだけの虐待にしかならないということを分かってほしいのです。どれほどハイテク機器満載で頑丈な宇宙船でも、慣性を無視してハード・ランディングすれば壊れてしまいます。

なんといっても、子どもの情調のしつけの最良の責任者はお母さんです。情緒を安定させられる最大の刺激物（愛情接触）がお母さんの手の中にあるからです。すべての「子育てしつけ」の与え方は、あくまでソフトにが基本のルールとなります。

第2章

三つの「しつけのルール」で楽しく子育て

―― 心の袋を大きくすると「しつけ」はしやすい

心をつくっている「感性と性格と情緒」

第1章でお話ししたとおり、子どもの心は刺激によって作られていきます。この章ではまず、心の材料となっている要素について考えてみましょう。ちょっと難しいと感じるかもしれませんが、大事なことですから少しだけがんばって読んでみてください。

細胞が伝えてきた「感性と記憶と性質」は、連携して人の個生体の潜在意思となります。それに新しく個生体の心、つまり「感性と性格と情緒」が生まれ加わります。

人の心とはこの「六つの要素が影響しあい、連携して総合意思となったもの」です。個生体では細胞の意思は先天性のものとして潜在化され、自律神経系で活発に働いています。

この自律神経は文字どおり、自分自身の意思では自由にはならないものです。でも、顕在化された心のほうである感性や性格や情緒は後天性で、周産期における外部からの刺激の質と量で大きく変化していきます。

「体感子育て」とは、子どもの皮膚触覚に与える、よい刺激の質と量を知り、適切な時期を理解し、必要なときに必要な刺激を与える子育ての仕方ということになります。

この時期と刺激の質量や具体的な与え方についてはあとの章に詳しく述べることにして、ここではまず考え方を説明したいと思います。

精神物理学の研究課程で、快感接触を皮膚に与えた場合の心電図の変化や精神の高揚、また、不快な刺激を与えたときの精神の沈滞や変化などを、物理的な量として計測しはじめています。そのうち、いままで気のせいとかいわれていたものの真偽までいずれ測定されるようになるでしょう。

それで、子どもの心は偶然や遺伝で作られたものではないと分かるでしょう。お母さんの中には「うちの子の陰気な性格は、きっとだれかさんの遺伝だわ」などという人もいますがこれは少しおかしな考え方です。兄弟姉妹を育てていれば気づきますが、兄弟みんなそれぞれ感性や性格や情緒は違うものです。

心は遺伝するものではありません。感性と性格や情緒は後天的につくられたものとはっきりいいきれます。当然、内に潜んでいる細胞の意思は遺伝していきますが、それは形質と原生記憶のことですから個生体の心とは違います。

子どもの個性としていま現れている感性と性格と情緒は遺伝ではありません。猛獣のライオンやワニでさえ、生後すぐから飼いならせば人間になつくという実例をみても分かるはずでしょう。

子どもの心をつくる外部からの刺激のほとんどはまわりの人間たちですが、それも影響力の順序があります。いちばん大きな影響を与えるのがお母さんです。お父さんももちろん影響力を持ちますが、子どもの心を方向づける決定的なものは、お母さんの力であることは間違いありません。それと比較すればまわりの人々の影響力は小さいものです。

たしかに幼児期以降の子どもには、社会や組織集団の影響力が働きますが、あくまでもそれは、知識や能力といった知能面へのかかわりです。

子どもの心は「周産期」にほとんどつくられているのです。ですから子どもの情緒のしつけは、教育以前の問題というわけです。心を育てる「体感子育て」だけは、お母さん以外のだれでもできることではありません。

お母さんが妊娠中のときを考えてみましょう。子どもの体性感覚がある全身の皮膚の全体に、お母さんの子宮内膜が密着しています。これを「カップリング状態」といいます。このときが完全な体感子育ての場ですが、これは他の人がかわってすることはできません。また出産後、赤ちゃんに授乳するときも、幼児期に抱いて添い寝するときも、他の人では心の栄養不足になります。この周産期の体感子育ての仕方で、子どもの心は大きく方向づけられているのです。

この個性体としての子どもの心で、「感性と性格と情緒」の各要素がバランスよくあれば心は大きいといえます。どれかが小さくてバランス失調となると心も小さくなります。そのままではエネルギーを消耗するしつけは受けつけられないのです。それでしつけの前に子どもの心を大きくする必要があるのです。

よく、お祭りや運動会などで行われる集団の綱引き大会がありますね。一人ひとりの力は小さくても、何百人と集まるとたいへんなエネルギーになります。でもなかには綱にぶらさがって、みんなのじゃまになる人もいます。

細胞（綱を引く一人ひとり）の意思の方向が一致しない（綱にぶらさがる人がいる）と個性体の意思（チーム全体の綱を引っ張る力）、つまり心が大きくならないのです。

子どもの心は皮膚に現れる

お母さんたちの中には、子どもの心が見えないという人がいます。本当に子どもの心を自分の目で見たいと思っていわれているのか分かりませんが、実際には見ることはできるのです。

心は全身の細胞に存在しています。そのうち約一〇％は皮膚細胞ですから体の表面に現れています。それで子どもの心が荒れているときは、子どもの皮膚も荒れますし、心が冷たいときは、皮膚も冷たくなります。心が穏やかで幸せなら、皮膚は温かくツルツルして輝いています。心の状態は皮膚表面で見ることができるのです。

ちかごろ、乳幼児のアトピー性皮膚炎が激増しています。多くの専門家が原因の解明に取り組んでいられます。食べ物や生活環境の問題、また免疫過剰などなど、各種の要因もあると思いますが、その子どもの心のあり方にもう少し注意を向けてほしいものです。

私たちの習慣にはまだあまりありませんが、諸外国では、日常的に親子や兄弟や友人などが、まるで恋人同士のように朝起きてから夜寝るまで、出会いや別れのとき抱きあい抱擁していいます。これなど、お互いが相手の心の状態を理解しあうために皮膚接触をするのが、よい意味での社会的風習となったものでしょう。

国際的な外交の場で、大の男の指導者同士が、ひしと抱きあう光景もよく見られます。まあこれなど、相手の心の状態を知って問題の駆け引きに利用しようとする、あまりいい応用の仕方とはいえませんが、手に汗を握るとか、とにかく握手ひとつにしても人の心は皮膚表面に出てくるという証明になります。

私たちの体を作っている全身の単細胞は約六〇兆ですが、意思もまた同数だけあるわけです。でもその九〇％は体内の臓器ですから、一つひとつの心に直接に触れたり見たりすることはできません。しかし、連携した個生体の心は外部からの刺激を分別するために皮膚表面に現れています。皮膚は心であり、心は皮膚ということです。

体内の細胞群は三つのエネルギーとして「感性と記憶と意思」を原形質膜に持ち、人となって一〇〇万年の原生体験を記憶として重ねてきています。この原生記憶は体内で生命維持のための自律神経として、日夜休みなく自然にそれぞれが自律し働いているのです。

そのおかげで私たちは、これら細胞の原生意思には干渉しなくてすみます。しかし、個生命体となった子どもの心は、皮膚に対する外部からの刺激のよし悪しを絶えず判断して、感性と性格と情緒の三つを育成していきます。これだけは自然には育たないものです。

子育てでもっとも大事な「心を育てる」とは、子どもの体の皮膚表面にあるこの三つの受容体によい刺激を与えることです。すると、そのよい刺激は皮膚をとおして全身の細胞群に伝わります。そして体内の細胞の原生意思にも好影響を記憶させ、全細胞をいきいきと活性化させます。子どもの心がよく育てば体も健康になるのは当然です。

もし、この皮膚の受容体に悪い刺激を続けて与えればどうなるでしょうか。その不快な刺激は、表面の細胞膜から全身の各細胞群に、膜動輸送（サイトーシス）という生理的な形で伝えられ、脊髄《せきずい》を通して間脳に記憶されます。

同時に各細胞群の感性により、細胞全体の潜在記憶となるのです。この潜在記憶が、あるときどきに子どもの全身を動かし、つぎの不快な刺激を避けようと働くのです。ですから、暴力的なしつけには当然として、子どもは従わなくなるのです。

この細胞の連帯する意思は、個生命体である子どもの心の中の感性、性格、情緒として形成されていきます。皮膚に不快な刺激を与え続ければ、しまいには子どもの心は破壊されてしまうということになります。

このような生命個生体の意思力の研究は、世界的にも始まったばかりですが、なかでもアメリカのロチェスター大学に一九八〇年に開講された、ロバート・エイダー教授の提唱による、精神神経免疫学チームの生体エネルギーの実態研究などは、今後の成果に期待したいと思います。

ただ、生体としてのエネルギーと、精神（心）としてのエネルギーがどこまで分けられるかは問題です。東洋の生命概念では、古くから気の流れとか気力とかで理解されていたようですが、西洋的な生命概念は、解剖学的な側面が強調されすぎてきた感があります。

これからは、この生命エネルギーと精神エネルギーのバランスが平衡された、子どもの心の育て方が自然科学的な研究課題となるのではないでしょうか。

しつけの前に、心の袋にエネルギーを補給しよう

心は「感性と性格と情緒」を入れてある袋ですが、それぞれの要素はエネルギーですから袋を大きくしたいときには、それぞれのエネルギーを補給すればよいことが分かります。

しつけはどのしつけでも子どもの心のエネルギーを消耗しますから、心の袋が大きいほどしつけは受け入れやすくなるのです。

心の袋を大きくする具体的な方法はあとの項にもありますが、ただこれはしつけの仕方ではありません。あくまでも、しつけを受け入れやすくする準備段階と思いましょう。当然、しつけと同時進行でもよいわけですが、どちらか一面だけの育て方は、多くの間違いを引き起こすので注意しましょう。

まず「感性エネルギー」の補給は、お母さんが子どもを育てるときの、やさしい音声や振動の与え方で、子どもの心に愛を注ぐことですが、その質と量で補充される大きさが変わります。

また「性格エネルギー」の補給は、お母さんが子どもと接触するとき、つながった動きの引き合う強さ、つまり合引力の質と量で補給される大きさが変わります。

そして「情緒エネルギー」の補給については、お母さんが子どもと触れ合うときに、お母さん自身の情緒がどれほど安定しているか、つまり、お母さんのそのときどきの幸せ感が子どもの心に転写され、情緒の大きさを左右していくのです。

ここで、気づいていただきたいのは、この心の要素である「感性や性格や情緒」が、大きければよいというものではないことです。たとえば感性一つ大きくて、他の要素が小さいようなときはその心はひずみます。つまり、感性が大きく（鋭く）なりすぎ、それを支える強い性格や安定した情緒が育たないと、情緒障害を起こしやすくなってしまいます。大切なのは、三つの要素がバランスよくそろい、釣り合うように育てたとき、子どもの心はもっとも丸く大きくなるということです。

それだけに、子どもの心をよく見守り、いまどの要素のエネルギーが不足しているかを見いだしましょう。子どもの心がアンバランスになり感性が鈍くなったり、敏感すぎるようになると日常的に癇癪《かんしゃく》を起こし、赤ちゃんの場合は引きつけなどのピリピリした行為をしたりしてお母さんを悩ませます。これは、その子の感性のエネルギーが満たされていないからです。

また、性格のエネルギーの不足は、子どもの行動にはっきり出ます。友だちや集団とのつき合いを避け、すべての行動が内向的になり、お母さんべったりとなって、なるべく外部に出ないで人を避けるようになります。

情緒的なエネルギーの不足は、子どものしぐさに、絶えず異常な癖などとして現れてくるので分かります。頭を壁にぶつけたり、髪の毛を引き抜くといった自損の行為を繰り返し、人のいうことに耳を貸さず、集中力もなくなり、絶えず勝手に動き回るなどのどれかが出てきます。情緒の不安定の訴えです。

もし、このような、子どもの心にアンバランスによる不調和があれば、どのようなしつけも受つけません。心にしつけに備えるエネルギーの余裕がないからです。

それぞれの不足した領域へのエネルギーの補給や補充で整えていけば、自然と心は大きく育ちます。そのようにしながらしつければ素直に受け入れていくのです。

ただ、子どもの年齢が大きく影響することを忘れないでください。いままでの育て方から別の育て方へ方向を変える場合、つまり「心の育て方の変換」にはそれまでの時間と同じ程度かかります。たとえばいま一五歳の子どもなら、心のバランスが整うまでにあと一五年かかるということです。

これは物理の慣性の法則が適応されるのではないかと思います。ですから、子どもの心の袋を大きくするのは、できるかぎり早く、子どもが幼いうちがしやすいといえます。

心にゆとりがあれば、子どもはしつけを受け入れる

人は心も体も知能もすべて、外部から与えられる刺激によって育ちます。なかでもとくに影響を受けやすいのが、子どもの心です。

私たち人間が刺激を受容する感覚器官は、首から上にある五感——聴覚・嗅覚・味覚・視覚・平衡覚と、もっとも大切な受容器官である全身の皮膚の触覚です。

外部からの刺激は大きく分けると、成長を促すプラスのエネルギーと、成長を萎縮させるマイナスのエネルギーになります。

子どもの心に焦点をあわせると、刺激を与える最大のエネルギー源はお母さんです。では子どもにとってプラスの刺激、またマイナスの刺激とはなんでしょうか。簡単にいうと、子どもが快感を感じたものがプラスの刺激、不快感を受けたものがマイナスの刺激です。大好きだよといって抱きしめる、これはプラスの刺激です。大嫌いだといって突き放す、これはマイナスの刺激ですね。この「プラス・マイナス」という見方は、刺激の「よい悪い」をいっているわけではありませんから間違えないようにしてください。

ただ、子どもはプラスの刺激は簡単に受け入れるけれど、マイナスの刺激はやすやすとは受け入れないということに気づいてほしいと思います。マイナスの刺激は、心にゆとりがなければ負担になるからです。

そしてすべてのしつけは、マイナスの刺激の要因を持っていますから、しつけの前にぜひ子どもの心にゆとりを、つまり心を大きくする必要があるのです。

「この子は、何度叱ってもいうことを聞いてくれない」とぼやくお母さんがよくいますが、その子の心を思いやり、少しでもプラス刺激を与えて心を大きくしてあげれば、素直にお母さんの言葉に従うようになるものです。

子育て上手といわれるお母さんは、これをよく知って実にうまく使いこなしています。「大好きな〇〇ちゃん（プラス刺激）きれいに歯をみがきましょ（マイナス刺激）」というような、子どもの心に負担をかけないしつけの仕方です。

もちろん、もともと子どもの心が大きく広く育てられていれば、このような同時進行型のしつけの仕方はさほど必要ではありません。日常的にプラスの刺激を受けていて心が豊かな子どもは、急な場面でのしつけもきちんと受け入れるものです。プラスエネルギーの貯金があるからです。

またこの貯金のとき、感性への補給か、性格への補充か、情緒への充足かをよく見極めてしましょう。エネルギーの不足した領域へプラス刺激を与える場合、それぞれの領域には与え方の違いがあるのです。

各領域の不足しているときの見方は前項に書きましたから、こんどは刺激の与え方を述べます。

「感性」が弱っているときは、よい音と振動を与えます。子どもにとってよい音とは、まず、お母さんのやさしい話しかけの音声です。これを「ラブトーク」といいますが、子どもだけでなく大人の感性のエネルギーもこれで補充することができます。つぎによいのは、自然の中などの子どものまわりにある快い音や振動の響きです。これらも感性を豊かに育てるプラスの刺激となります。

弱い「性格」への補給は、子どもへの、お母さんのやさしい働きかけです。これを「ジョイント・モーション」といいます。直訳すれば「つながった動き」となりますが、べつに本当につながらなくても互いに引き合う力が働いていれば、十分に補給エネルギーとして伝わります。私はこれを「愛の引力」と名づけ、性格強化の方法としてお母さんたちにすすめています。このジョイント・モーションは案外みなさんが何気なくしていることです。保育・幼稚園などの集団遊戯もそうですし、母と子の遊び、ダンスのペアの踊りなどもこれです。大事なのは「愛と信頼感で結ばれた動き」ということです。

「情緒」のエネルギー不足は、もともと、お母さんの情緒不安が子どもに転写されたものですから、まずお母さん自身の情緒不安を解消しましょう。これは子育てとは別領域ですが……。それから、子どもの情緒エネルギーの補充をします。情緒が不安定になると微細な皮膚振動があります。それは、子どもが温かい皮膚での抱きしめ触れ合いを自然と求めているからです。

タッチング、強い感動的抱きしめ、子どもが幼いときは添い寝、ほほずりも効果的な情緒安定へのプラス刺激となります。

身についたしつけは、しぐさと行為に現れる

子ども連れのお母さんたちの集会のとき、ある子どもの行為や行動がきちっとして、お行儀がいいと「よいしつけをされていますね」などといわれ、得意になるお母さんもいます。ところが案外にこのような子どもが、人が見ていないときは平気でつまみ食いなどしているものです。

しつけを行儀作法の一種と思い違いして子どもに学習させると、大抵がこのようなことになります。しつけ本来の意味「楽しい行動の知恵」がよく伝わっていないからです。しつけを頭だけに覚えさせて押しつけると、重しのカセが外れたとき、つまり人がいないときは全く反対の行為をしたりするものです。

楽しくしつけられた子どもなら、その行為やしぐさは他人のいるいないに関係なく、自然に身についた行動として現れます。それは子ども自身がその行為で楽しくなるからです。人を不愉快にするような行為をすると、自分自身が不快感でいっぱいになるのです。

心穏やかに楽しくしつける大切さはここにあります。しつけは人に見せてかっこいいと思わせるためにではなく、子ども自身の楽しい生き方のために伝えましょう。

子どもの朝のお目覚めに「○○ちゃん、おはよう、よく眠れたかな」とお母さんが声をかけることは、子どもの心に安心と喜びを与えます。「情調のしつけ」のはじまりです。「さてトイレが先かな、それからお顔をピッカピカに洗ってカワイくしましょ」などは、「体調のしつけ」になります。

「あら、もう○○ちゃんは自分でパジャマを片づけたの、お利口さんねえ」で、お母さんが、○○ちゃんのほっぺにチュッ。これは「親和のしつけ」となります。

この三つのしつけに共通なのは、子どもに楽しい快感を与えていることですね。しつけは楽しく与えられると、子どもは生涯忘れないものです。

よく、相談にある体調のしつけの間違いの一つに、おむつ離れの遅れがあります。二歳になってもトイレに行かず、紙おむつ（化繊おむつ）を取りたがらないという話です。

このような場合は、しつけ以前に情緒の安定度が不足しているので、体調のしつけを拒否しているのです。こんなときはまず、心の情緒を満たしてあげます。それから化繊おむつを止めて、布おむつに切り替えます。ある期間不快な感じを受けさせるのです。

つぎに、トイレやおまるを子どもの好きな絵で飾ったり、楽しい雰囲気にします。お母さんの中には、思いきってトイレのドアを取りはずした人もいました。それでほとんどの相談がひと月もしないで解決しています。しつけがうまくいかないときは、なにか他に原因があるのではと気づいてほしいと思います。

離乳のときなど、おっぱいにお化けの顔をかいて脅したり、乳首に唐辛子を塗りつけて飲ませ苦しめたり、むちゃくちゃな断乳をするお母さんもなかにはいますが、これなどしつけではなくて、赤ちゃん虐待です。そのときはうまくいったつもりでも、あとあと子どもの心にお母さん不信という深い傷を残します。

離乳は、赤ちゃん自身が、おっぱいと離れていくようにしむけます。食習慣の変更ですから、これも当然、赤ちゃんの心に大きな負担がかかります。でも心のケアさえできていれば、あとは、お母さんの心を込めた手づくりのおいしい離乳食で自然にしつけられていくものです。楽しくしつけられたものほどよく身につくということです。

第3章

感動で伝える「情調のしつけ」

――――胎児のときから情調のしつけは始まる

「愛の声」と「振動」が命を育て心を伸ばす

長いトンネルの中、途中の少し広くなった待機所で卵子は待っています。やがて騒々しい音をたてながら精子たちが押しかけてきました。そして勇敢な何人かが卵子の表面の絨《じゅう》毛《もう》をコツコツとノックしだしました。

そのうち卵子は振動のあう音を感じて、受け入れるため動きだし絨毛を開きます。精子が「こんにちは」と中に入ってきます。〝感動〟の受精の瞬間です。

命のはじまりは振動の合図からでした。命は成長するあいだ絶えずこのような音や刺激を待っているのです。お母さんが子どもを愛し育てるとは、子どもの命が期待している、あう振動を与えるということです。

でも、その振動に愛がなければ相手は受け入れません。よく大人同士でも「あいつとは波動があわないからつき合いたくない」というようなことがありますね。

愛を持つ声や振動は、命と心の成育に大切な栄養素なのです。合いは愛ともいえます。とくに成長期の子どもには、この栄養をたっぷり注いであげてください。

どうしてだか、お母さんたちは幼児との触れ合いにも「アイ・ラブ・ユー」という、たったこれだけの言葉さえ、照れくさいのかケチります。子どもに、もっとジャンジャン使ってほしいといつも思っているのですが。

子どものしつけの中でも、もっとも早く始めるのが「情調のしつけ」ですが、このしつけは、子どもが自分自身の情緒をどのようにコントロールするか、つまり情緒の自制力を高めるために働きかけるものです。

ですからお母さんも、きっと妊娠中の胎児への働きかけ（胎児期教育）には、当然として行ってきました。妊娠一二週ごろには愛称（胎名）で話しかけたり、振動での交流をすることでお母さんは胎児への愛を伝えてきましたね。

これが情調性のしつけのはじまりとなります。

誕生後、赤ちゃんを抱いて授乳します。つぶらな瞳をいっぱい開いて、赤ちゃんはお母さんの顔をじーっと見つめ「あぁ…あぁ…」とか喃語《なんご》で話しだします。お母さんへの愛を訴えているのです。お母さんもそれに「そうおいしいの。いっぱい飲んで大きくなってね」とやさしく応えますね。

この語り合いが「ラブ・トーク」(love talk)といって、とても効果的な情調のしつけになります。乳児期や幼児期は、抱きしめのタッチング(touching)と一緒に、このラブ・トークをもっと多く活用すれば、子どもは情緒が安定すると同時に、自分自身の情緒の安定の仕方を学び覚えることになるのです。

欧米では、一般的にこの風習は長く続いてきて、ただ家族関係だけでなく友人同士や、社会での人と人の触れ合い方にも広く活用されています。

子どもの心に感動を与えるには、この二つの触れ合いが必ず必要となります。ここでの感動とは、よくいう「映画やテレビドラマを見て感動した」などとは全く違うものですから、混同しないでください。

情調のしつけに必要な感動とは、話の伝え聞きのような頭への刺激ではなくて、〝現実の感動〟(肌に感じる)が大切と覚えてください。

私たち人は生活進化のため便利さを夢中で追求してきました。知能優先の歴史がそれを物語っています。その結果、命の育成にまず必要な「感性」の育て方を置き去りにしてきました。感性が弱れば命は歪みます。人はロボットではないからです。

命の感性を豊かにたくましく育てるには、よい振動を多く与えることしかありません。

そして振動には、多くの領域があることも思いだしてください。

地震波のようなゆっくりした大地の揺れから、音波という私たちの耳に聞こえる波、また体内の観察用の超音波エコー診断に使われる超音波など、低い振動から高い振動まで、その範囲は無限といえるほどあります。

赤ちゃんがむずかるとき、抱いてゆっくり揺りかごの動きを与えると、赤ちゃんは安心して眠ります。この動きも振動です。お母さんが子守歌を歌って聞かせる声ももちろん振動ですね。これはよい感動を与える振動の例です。

ただ、振動の周期の感じ方は生物によって大きく変わります。植物は数時間周期を感じているといわれます。また犬やコウモリなどは数万ヘルツといった、人のまったく感じない超音波をよく感じて行動することが証明されています。

「子育てしつけ」に必要な振動の領域はそれほど多くはないのですが、それでも一般に思われているような、耳だけに頼る音の世界はほんの一部のものと気づいてください。

子どもの〝心の振動数〟に同調する

数年前ですが科学技術院での研究発表がありました。人の心の状態は皮膚の振動として測定できるようになったということ。そして、人の皮膚は絶えず振動しているが、心が興奮しているときと沈静化しているときは、振動数が大きく変動し揺らぐということです。

これは、逆に皮膚にある振動を与えると、興奮した精神を安静にさせたり、また、落ち込みすぎた精神を、高揚させることもできるのではないでしょうか。こうした精神物理学の研究発達の成果が、一日も早く子育ての分野にも導入されてほしいものです。

この皮膚振動も含めてのことですが、「情調のしつけ」で必要なものは、感動を与える振動です。すべての振動には同調するものと非同調のものがあります。「子育てしつけ」に重要な振動は、当然として同調するものでなくては効果が半減します。

ゆっくりした振動の場合、何トンもある寺院の大きな梵鐘《ぼんしょう》が、その振動数にあわせると小指一本の力で大揺れに動くようになる実例があります。また小学生の理科の実験にある音叉《おんさ》の振動などでも共振の原理が分かります。

お母さんが子どもに感動（振動）を伝える場合、その振動が子どもの心の振動と同調（共鳴）したとき最良の感動を伝えられるということです。

友だちの結婚式で悲しそうに泣きながら列席すれば、祝福には同調しません。また人の葬儀に列席しながら、ニコニコ楽しそうな顔をしていたらお悔やみにはなりません。これは非同調の場合の極端な例ですが。

子どもの情緒も絶えず、安定期と不安定期とに揺れ動いて波があります。その振幅の幅が振動数となります。安定期には、お母さんが楽しく積極的に情調のしつけを進めても同調しますが、不安定期には同じ仕方では反発されて同調しません。このときは、お母さんも慎重にして、消極的なしつけを行ったほうが同調するということです。

子どものこの波を素直に見ると、なんにでも積極的に動き楽しく明るい顔をしているときは安定期。陰気に落ち込んだ暗い顔のときは不安定期と分かります。そして安定期にはどんどん情調のしつけを進めましょう。感動もよく伝わるからです。

学校でミスして窓ガラスを割り、先生に怒られ、落ち込んで帰ってきた子どもに「なぜそんな失敗したの、バカだねえ。悩んでもしょうがない、元気出しなさいよ」といってしまっては非同調の受け方で、とても元気など出てくるはずはありません。

そういうときは、「そうなの、そんな失敗お母さんもしたわ。悲しかったなあ」で同調します。つぎに、「でもね、それでかえっていろんなことも注意するようになって、あとで得したような気もしたのよ」で、不安定期の場合のいい情調のしつけとなります。

このように子どもが悲しいときは、同じように悲しみを共有する。また楽しいときは楽しさを共有する。この同調の振動が子どもの心に感動を生みだします。そのあと子どもの心の方向を変えたいときは、情調のしつけでやさしくできます。

子どもが失敗したときはお母さんの失敗談を、子どもが悲しんでいるときは、お母さんの悲しかったときの話を伝えること。

情調のしつけの同調を上手にするには、まず、子どもにとって、「いい話を先に、嫌な話は後に」がルールになります。

いまのお母さんの中には、どうしてかこの反対のしつけをする人がいます。子どもが寂しいときに楽しそうに接触し、うれしいときに悲しい話を伝えてしつけようとする。まったく非同調の振動で、これでは無感動の押しつけです。

ただ、感動がしつけにいいからといって、大人同士でよくあるような、作為的な作り話の感動は、子どもには通じないことに気づきましょう。純な子どもの心は乗せられないのです。感動を伝えるには本当の誠実さが求められます。

といっても、同調する振動は、それほど難しい話ではありません。私たちが日常生活の中で普通にしていることです。スーパーで買い物ひとつするときも、ニコニコしている店員に、かみつくように注文するお客はいません。相手がニコニコ応対すれば、こちらも自然とニコニコするようになります。これが同調の振動です。

ただ、お母さんに間違えないようにしてほしいのは、「迎合」と「同調」の違いです。迎合ですするとまったくしつけにはなりません。迎合は子どもの言いなりになることで、しつけではなく「甘やかし」という穴に落ち込みます。

また感動がしつけに効果的だといって、あまりに与えすぎるのもよくありません。いい感動でもバーゲンセールみたいに年中大安売りをしていると、子どもの感性が繊細すぎるようになり弱ることもあります。なにごともほどほどがよいと思いましょう。

お母さんの声は子どもの心に直接届く

妊娠一二週、おなかの赤ちゃんは羊水の中にぷかぷか浮かんでご機嫌です。突然、音が聞こえだします。聴覚が活躍を始めたのですね。最初にできた皮膚感覚はとっくに働いていましたが、二番目にできたのが耳の感覚です。

そのときはじめに聞く声は、お母さん——あなたの声でした。「はじめに母の声あり」です。胎児は、受胎のときから誕生までの四〇週間、その声を聞いて暮らします。もちろん音としてはその他の胎内音も聞いているわけですが、意味のある振動は母の声だけです。はじめ、お母さんの声は胎児には、神の声と聞こえたことでしょう。別にオーバーな表現ではありません。すべての動物にとってお母さんの声は絶対なのが自然ですから。

妊娠中のお母さんの話声のやさしい振動。いらいらする怒り声の振動。すべては胎児の心に直接届くのです。胎児はいつも心おだやかな振動の中に暮らしているわけですから、それに同調するのはお母さんのやさしい声の振動だけです。

「情調のしつけ」でもっともお母さんが感動を伝えやすいのはこの時期です。あとあと誕生後一年、二年、三年と時間がたつにしたがって、同調が少しずつ難しくなっていくものです。情調のしつけは早いほどしやすいのです。

「子育てしつけ」には三つの領域があるといいましたが、なかでもこの「情調」の領域は、子ども自身が「自分の情緒を安定させる自制力」を持つようにしつけることですから、他の人には振動の同調が難しいのです。

細胞生理学的にも、母と子は細胞の振動数が類似していますから、お母さんの声の振動は、子どもの心の振動と同調しやすいことが分かるはずです。お母さんの喜びや楽しさは直接に子どもの心に感動として伝わります。

同様にお母さんの悲しみや腹立ちも、直接的に子どもの心に怒り悲しみとして伝わります。その場合は情調のしつけとは逆の悪影響を与えます。つまり自制力を弱めていくことになるのです。

おかしな話ですが、ネコをかぶるとか、ネコなで声などという言葉があります。あまりいい意味には使われていませんが、考えてみるとなかなか含みがあるのです。

もともとネコは猛獣ライオンの一族ですから、本当はたけだけしい野獣の野性があります。テリトリー争いのときなどの激しいひっかき合い、キバを剝き出し脅しあう声のすさまじさは、野獣の本性をまざまざと見せつけますね。

ところが子育てを見ているとなんともあきれます。子ネコをベロベロなめ回し、じゃらしながらゴロゴロ喉をならす。おっぱいを飲ませるとニャ〜ンニャ〜ン。言葉どおりのネコなで声。これがどの母ネコもそうだから感心します。

これは何か学ぶところがありそうです。母ネコは子育てのときは、自分のもっともいい面を子どもに見せたり、感じさせたりを自然にしているのですね。

ということは人の子育てにもお母さんは、もっとネコをかぶったり、ネコなで声を活用したほうが自然ということではないでしょうか。

実際これは、お母さんと子どもの振動がいちばん同調するのは「お母さんがやさしいとき」だという、自然界のルールを見事に伝えているものです。種の保存のために、母親が子どもにしつけをしやすいようにした法則でしょう。

「子育てしつけ」をいくら厳しくしても、子どもにまったく伝わらないのは、それが不自然で同調しないから、ともいえるのです。

昔々〝獅子は、千仭《せんじん》の谷に生後三日の我が子を蹴落とし、生き残った子だけを育てる〟といった言い伝えがありました。その言葉に乗せられた親もいたとすれば、当時ひどい目にあった子どももいたことでしょう。

でも、動物学のどこを捜してもそんな例は見当たりません。やっと生まれたばかりの子を谷に蹴落としているような動物は、自然界ではとっくに絶滅したからなのでしょう。

それに似たような、自然に反する子育てしつけの言い伝えが、あちらこちらにまだありますが、これは強者が意図的に作り上げた、弱者切り捨て思想の押しつけだったのではないでしょうか。それがいまだに影響を残しているのは不思議な気もします。

自然界には〝厳しい子育てしつけ〟は存在しないのです。種の保存の法則に反すればその生き物は絶滅します。「やさしい子育てしつけ」だけがルールですから。

もっとも、あとあと子どもが成長して児童期や思春期、青年期となったのち、何かの目標達成のため、学習や訓練として子ども自身が納得して受けるときの厳しさは、当然としてありますが、これはしつけとはまったく違う領域の分野です。

あふれる自然の音と振動から学ばせよう

情調のしつけの中でも大切な分野に、自然との触れ合いがあります。とくに自然にあふれる音や振動には、すてきなものが多くあります。子どもを連れて山や野に行きましょう。時間がなければ近くの公園でもいいと思います。

でも山や森に行くといっても、目的は風景の見物や遊び回ることではありません。自然の中にある、命の息吹の音と振動のすばらしさを子どもに伝えるのです。大地を這うアリさんの働き、木の枝を飛びかう小鳥たちのさえずり、すべての生き物を守る自然の大きな力。

一本一本の木々にも命があり、他の生き物たちと助けあっています。耳をすませばその声も聞こえるでしょう。子どもには「耳だけでなく肌でも感じてごらん」と伝えましょう。きれいな木肌の木があれば、子どもに抱きつかせ、木さんの話しかけを感じさせるのです。お母さんも聞いてみましょう。耳を当てれば樹液の流れる振動も感じます。

生きているすべてのものは、音と振動を出してまわりの仲間たちに、いつも呼びかけていることが分かります。子どもの情調のしつけで大切なのはこの感性です。自然の中では、みんなが共に生きていると知らせましょう。

真っ暗な宇宙から、青く輝く地球を見た宇宙飛行士たちが一様に伝えたのは「地球は生きている」ということでした。私たちはこの言葉を、なにか象徴的に受け取ってはいないでしょうか。もっと素直に考えたいものです。

現実に地球は生きています。私たち自身でも体内に何十億という細菌を常時共生させています。地球の自然は実際に周期的な呼吸や、脈動をしているのです。まさに巨大な生命体ですね。ですから当然そこに生かしてもらっている私たちは、その呼吸や脈動と同調しているから存在できるわけです。

一年の季節の移り変わり、毎日の日没や日の出の周回、気象の変化に見る気流の流れなどすべて生命体のリズム（振動）があります。

この振動との同調がなければ、子育てのしつけどころか、生きていることも難しくなります。でもありがたいことに私たちの命は、授かったとき、自然に同調するように調節されていたので永らえてきたのです。

子育てにおいて自然の振動との同調が大切なのは、それが命の源とのつながりの確認だからです。情調のしつけでたびたび、お母さんと子どもの振動の同調を求めるのは、この自然のルールを大事にしなければ、しつけにならないと気づいてほしいからです。

感動が情調のしつけに必要だといいましたが、その感動の源泉が自然との触れ合い方にあるのです。自然はいろんな意味で絶えず私たちに感動を与え続けているのです。まず、それを感じ取る力を子どもの心に育てましょう。

自然の中を感じて動くこと、それが感動のはじまりです。子どもと一緒にお母さんも感じ取りましょう。自然は調子いいときばかりではありません。暑い寒い、雨や風、また暴風や雷、地震とか怖いものもあります。でも、それぞれが自然からのメッセージと感じ、受け取ってみたらどうでしょうか。

大地や大気も生き物と思えば、何かに腹立ちご機嫌斜めに当たり散らしたりして、体がでっかいだけに暴れだすと始末に困りますね。でもこんなときは、お母さんは子どもに「きっと何かに怒っているんだね」と伝えて、その怒りからは子どもを守りましょう。

すべての音や振動は快いものばかりではありません。このように子どもをおびえさせ恐れさせる〝もの〟もあるのです。それを伝えるのも大事なしつけです。

ただ、自然界との交流にはルールがあります。たとえアリ一匹でも他の生き物と向きあうときは「いつも同じ立場で相手の気持ちを大切にしてつき合いましょう」と子どもに必ず話してください。それで「アリさんは心を開いてくれますよ」とも。

森林浴という自然との触れ合いもあります。深い森の中にたたずむと、なにかほーっとするものを感じます。遠い遠い昔のふるさとへ帰ったような安堵感です。これは植物の酸素の放出や、フィトンチッドのテルペン効果で心安らぐだけではありません。

もともと植物は、はるかな時代、私たちを生み育てた母親だったのです。生物や動物のはじまりはこのような森の草木でした。私たちの祖先の祖先は森から生まれてきたのです。森の中での気分は懐かしい母の懐に帰った安心感なのです。

お母さんが子どもと一緒に自然や他の生き物との同調の交流をするときは、ここでお話ししたことを忘れずに伝えてください。豊かな感性を育てると同時に、もっといい情調性のしつけの伝え方になっていきます。

〝愛のエネルギー〟には方向性がある

私たちの生活に欠かせないエネルギーを考えてみましょう。人は火を使いはじめてから薪やら石炭だ石油だと、生活の変化とともに、膨大なエネルギー資源を消費してきました。人の歴史が一〇〇万年とすれば、九九万九七〇〇〇年間で消費したのはたったの一％で、現代に入るとわずか三〇〇年間で九〇％の消費量だそうです。

そこで原子力まで引き出しエネルギー源の確保に躍起となっています。この先どうなるのでしょうか。あまり明るいとはいえません。エネルギー枯渇におびえる時代の到来です。でもここで話すのは、そのエネルギーのことではありません。

「子育てしつけ」に必要なエネルギーの使い方のことです。子どもに生活行動の知恵を伝えるのがしつけですが、それには子ども自身もエネルギーを消耗します。

実は、お母さんが子どもに注ぐ愛情は、そのエネルギーの補給となるものです。愛は純粋なエネルギーですから、与えるほど子どもの心は満たされるのです。

また一般的なエネルギーの量は、著名な科学者アインシュタイン（Albert Einstein）の使った法則「E＝mc^2」でも分かります。しかし、ここでお話ししている「愛のエネルギー」は方向性を持つものなので、ちょっと面倒なベクトル量の関数計算になるようです。

「子育てしつけ」で気をつけてほしいのはこの〝方向性〟なのです。お母さんたちによく聞く話、「この子は、いくら愛を注いでも全然感じないようなんです」という悩みです。これは方向がすれ違っていたということになります。

情調のしつけでまず愛を満たして……とお母さんが行動しても、その方向性が違えば子どもには伝わらないのです。また変なことをいいだしたなんて思わないで読んでください。愛には、はっきりした方向性があるのです。

お母さんが家事をしているとき、幼児が足もとの後ろから「ママ大好き」といって抱きつきます。お母さんはそのままの姿勢で後ろに抱きついた幼児に「うん○○ちゃん大好きだよ」と応えます。これは方向性からいえば五○％ですね。

その場合、お母さんが振り返り、顔をあわせて「はい○○ちゃん大好きよ」で方向性は一○○％になるのです。また、そのとき「いま忙しいからあとでね」とすげなくすれば、あとでいくらいっても、愛は一○％ぐらいしか伝わりません。

ときどき事件になる例の〝ストーカー〟などは、この方向性が一八○度違うんですね。どんなに好きだ愛していると追いかけても、相手がまったく反対を向いていたら伝わるわけはありません。方向性を無視した愛情は相手には伝わらないと知りましょう。

これを〝エネルギーの無駄づかい〟というのですが、案外よくある話なのです。子どもはなおさら感じやすいので、まじめな話のときなど横を向いたままでは、話は子どもに伝わりません。心してください。

だからといって、方向性とは体の角度のことかと思い違いをしないでください。愛の方向が体を動かしているということですから。

私たちのまわりでもこの言葉はよく使われています。心の向き、体の向き、動きの向き、言葉の向き、話の向きなどですね。

仕事や遊び、趣味の事柄でも、人はそれぞれ向きがあって、これはこの人向きとか、あれはあの人向きだねと何気なく使っています。人に仕事を頼まれても、内容によっては「それは、気が向かないのでしたくない」と断ることもあります。

この方向性は、もとは精神の集中方向から来たものですが、日ごろ私たちは雑念が多くなかなか集中できないものです。まあ、光でいえば散乱光で方向性がありません。

でも子育てで、とくに子どもに愛を伝えるときは、いいかげんな方向でせずに、心も体もきちっと方向を確かめ、子どもの心に向きあって行いましょう。

幼児を育てているお母さんの中には、この方向性を無視して、〝何か〟を嫌がって逃げ回る子どもを追い回し、無理やり抱きしめて愛を伝えようとする人もいます。

これはまったくの無駄になります。その〝何か〟を取り払うことが先決です。でなくては、逃げる方向と引き戻す方向が正反対なら、エネルギーはゼロになるからです。

感動の刺激は〝肌〟に与えよう

私たちの感覚器官を考えてみましょう。まえにもいいましたが大切なことですから重ねます。常識的によくいわれる五感とは触覚、聴覚、嗅覚、味覚に視覚ですが、生理学からみれば少々違うようです。

人の胎児期からの成長順で考えると、はじめに皮膚触覚、つぎに聴覚、嗅覚、味覚、視覚、平衡覚と六感覚になります。そのうち頭に集まっているのが一般にいわれる五感ですが、いちばん大切な感覚は全身の皮膚の触覚なのです。

子どもの心は、すべて外部からの刺激（エネルギー）を受け入れることによって育ちます。その受け入れが感覚器官の役割です。そして胎児期も乳幼児期も、もっとも発達し完成されている器官が〝皮膚感覚〟なのです。

子育てしつけの際に〝刺激で感動を与える〟ときも、このことを忘れないでください。お母さんが子どもの耳に「あなたがいちばん大好きよ」と言葉で聞かすより、肌を触れ合い抱きしめ、子どもの肌に聞かせるようにすると、子どもは一〇〇倍感動します。

人は口先だけの働きかけは楽ですから簡単にします。ところが受け入れる側の子どもは頭に受けた刺激はすぐ忘れます。とにかく成長期には、頭で覚えることは山ほどあるからです。ただ全身の皮膚が受ける感動はそれほど多くないので忘れません。

映画館でいい映画を見て、すごく感動したという人がいました。翌日、何にそんなに感動しましたかと聞いたところ、ケロッとして「うーん、何だか覚えていません」といいました。

これなど感動ではなくて、自己陶酔だったのでしょう。このような自己満足型の感動は子育てしつけにはまったく役に立ちません。肌に触れる感覚がないからです。

たとえば映画や文学作品で、たしかに感動を受けるものもあることはあります。ただ、本当に感動したときは受ける側の肌に変化を引き起こします。ゾクゾクするとか、鳥肌が立つとかの皮膚刺激です。感動は皮膚に現れるのです。

昔実際にあったことですが、北陸の奥地にすぐれた猟師がいました。真冬のある日、猟の帰り道にチビの子ダヌキに出会ったので、まあ、何も獲れないよりいいかと、子ダヌキを捕まえ納屋の柱にくくりつけて休みました。

夜中に物音でふと目を覚まし納屋をのぞくと、子ダヌキに何か取りついています。銃を構えてよく見てみると、どうも母親ダヌキらしいのが、いろりの残り火に手をかざし、その手を、縛られて冷えきっている子ダヌキの体に当てて温めていました。そのあと子ダヌキを解き放した猟師は、以来仕事をやめたそうです。

皮膚を通しての感動は、心に大きな刺激と影響を与えます。情調のしつけで感動を伝えると子どもはけっして忘れないものです。これは人だけではなく、生き物すべてに共通する自然界のルールがあるからです。お母さんが見たり聞いたりした内容で、いいものは実際に実行して子どもの肌に伝えましょう。

敬愛する先輩の話をしたいと思います。和歌山出身で、いま大きな組織の指導者になられていますが、昨年お母さんを亡くされました。故郷の和歌山でのお通夜のときです。兄弟がそれぞれにお母さんの思い出を語りだしました。

先輩も語りました。

「実は、私もお母さんに聞きそこなったことがある。東京に在学中、夏冬の休みに帰郷した折り、いつでも駅のホームにお母さんが迎えにきていたんだ。まったく連絡もできなかったのになぜ分かったのか、いまでも不思議に思うよ」

当時の交通事情では、東京から地方に行く電車は日に二本ぐらいで、乗車券もなかなか手に入らない不便な時代でした。ですから帰郷するときも、なりゆき任せですから連絡のしようがなかったのです。

それが帰郷して列車が駅に着くといつもホームに母がいた。

「あれっ？　お母さんどうして分かったの……」

母は笑って私の肩を抱き「なんとなくね」とだけいった。駅から実家までの約四キロ、連れだって歩きながらもなぜだか分からずじまいだった。

そのとき、兄がぽつりといいました。

「お母さんはな、おまえの休暇が始まるころには、列車の到着時刻になると、毎日、駅まで行って待っていたんだよ」

第4章

動きで与える「体調のしつけ」

——“丸い動き”の引力だと愛を与えやすい

すべての命は〝引力のリズム〟で育った

子どもの「体調のしつけ」、つまり体を整えるしつけとは、子ども自身の〝命の整え方〟を伝えることです。もともとは、自然がそれを伝えてきたのですが、でも生活自体が大きく自然から離れてしまったいまでは、ただご都合主義の社会に迎合するしつけが風潮になったようです。

はるか三八億年前、生命が地球上に誕生しました。そのころの原始の月はいまの二分の一の距離（当時一六万キロ。現在三八万キロ）にあって、大きな引力で地球を揺りかごのように揺さぶっていました。引力のリズムから命は生まれたのです。

いまでも、生物の生理は月の潮汐《ちょうせき》引力の影響を受けています。母性の生理現象もそうですし、人の臓器の漢字すべてに月偏がついているのを見ても分かります。

一昨年、アメリカの宇宙船上で行われた鶏卵の孵化実験の結果、無重力の世界では卵は孵りませんでした。引力がなければ命は育たなかったのです。

「体調のしつけ」では、命をすくすくと育てることが目的ですから、この自然のルールを大切に子どもに伝えましょう。お母さんは適切な〝引力のリズム〟振動を使って自然な「子育てしつけ」をしてください。実際に母性は自然の代理人なのです。

でも「私には月のような引力はないわ」というお母さんもいますが、それは思い違いです。別に万有引力の法則を持ちださなくても、すべての物質に引力はあります。ただ物質的な引力か、精神的な引力かの違いはあっても必ず引力はあります。

子どものことが好きで強い愛情を持つお母さんは、引力も強いのですね。また、あまり子どもを好きになれないお母さんは引力も弱いのです。

大好きなら強い引力。少々好きなら弱い引力。嫌いだと思うと斥力《せきりょく》というとんでもないものに変わります。斥力は磁石の同極同士を近づけると強く反発するあれです。この斥力は子育てしつけには不要のものです。

生まれたばかりの赤ちゃんが、オギャーオギャーとお母さんを呼びます。赤ちゃんからの愛の引力ですね。お母さんが抱き上げてお乳を飲ませます。この抱きしめ授乳したいと思う心が、お母さんからの愛の引力です。

そしてこの互いの引力の作用が、母子の相互作用といわれているものです。この場合、赤ちゃんは自分の引力の調整はまだできませんが、お母さんにはできます。「子どもは親だった経験はないが、親は必ず子どもだった経験がある」からです。

赤ちゃんのやる気の強弱にあわせて、お母さんが引力の強弱のコントロールをする。それが「体調のしつけ」になるわけです。

歩きはじめの赤ちゃんが、やっと伝い歩きから独り立ちしました。見守っていたお母さんは喜んで「○○ちゃん立ったわ！　ここまでおいで」と手を差しのべますね。赤ちゃんは一歩一歩ゆっくりお母さんに近づきます。愛の引力のしつけです。

このとき、あまり離れすぎると引力が弱くなり、赤ちゃんはやる気を失います。しかし近すぎては引力が強すぎて、歩くしつけになりません。適当な距離がしつけの強弱を決めるということです。

大人同士の社交ダンスで、相手に好意があっても近すぎると上手に踊れません。でも、好きでもない相手だからといって離れすぎては、まったく社交ダンスにはならないでしょう。きれいに踊るには適当な距離が必要ですね。

保育園や幼稚園で先生を中にしての、集団遊戯も同じことがいえます。引っつきすぎるとダンゴになって遊戯にならないでしょう。

お母さんと子どもが一緒に遊ぶときに、抱きついたままでは何もできないし、お父さんと子どもがキャッチボールをする場合でもある程度離れます。

体調のしつけは「強い愛の引力と適切な距離で強弱を」がルールの一つです。

この引力を強くする方法もあります。「惚れてしまえば、何とかもエクボ」なんて古い言葉がありますが、相手を好きになれば欠点も長所に見えるというのですね。子育ての場合はとくにこのことが必要だと思います。

相談でも「うちの子どもは欠点だらけ、ノロマでグズで、これもあれも悩みです」と、たちどころに短所を十幾つ並べ立てるお母さんに、「では、長所は幾つですか」と聞き返すと、ええっ……といって一つの長所もあげられません。

子育てで、してはいけないのは子どものアラ探しです。子どものいいところを探しだしましょう。それにはまず、子どもに惚れることから始めてください。

体調のしつけはお母さんとの〝引きあう動き〟で

お母さんが立って子どもの手を握り、ぐるぐる速く回りだすと、子どもは宙に浮きますね。子どもの好きな遊びです。これは遠心力とお母さんの手を引く力が釣り合っているからですが、このとき、お母さんが握っている手を離したらどうなるでしょうか。当然、子どもは飛び離れます。

しつけは、子どもに遠心力を働かせるのです。もしも引く力が弱かったら宙に浮きませんし、握った手を急に離したりしても子どもは離れます。引く力はプラス、離れる力はマイナスのエネルギーとなります。

これはつながった動き、「ジョイント・モーション」ともいいます。舞台芸術のクラシックバレエや各種のスポーツでよく見かけます。ペアのフィギュアスケートなど、組で演技する場合、相互の気合いがあわないと事故になることもあります。

子育ての体調のしつけに、このジョイント・モーションをもっと取り入れたいものです。子どもが少し高い場所から、下で待っているお母さんに飛びつきます。お母さんはハイッと気合いをかけて、子どもを下で受け止めるあの遊びなどです。

この遊びは、お母さんと子どもの信頼関係をぐんと伸ばします。子どもはちょっと怖いけど、お母さんがしっかり受け止めてくれたあとの安心感と達成感が、子どもの心に勇気と自信を与えます。体調のしつけです。

このように、遊びの中にもしつけが含まれているものもありますが、多少でも勇気と達成感を子どもが得られる動きのないトランプ遊びなどは、しつけにはあまりならない普通の遊びと思いましょう。

幼児は本来、泥んこ遊びや水遊びが好きなものですが、いまは自然も少なくなりその機会に恵まれません。そこでお風呂場で水遊びでもさせましょう。風呂の温度を四〇度以下のぬるめにして、お母さんも一緒に体の洗いっこなどいいですね。

きれいになるかは二の次です。頭のてっぺんから足の指一本一本まで、お互いに洗いあうのです。遊びですからくすぐりあったりキャッキャッいって子どもは喜びます。それが楽しみになれば体を清潔にするしつけの一つになります。

もともと浴場は、古代ローマの時代から社交場だったのです。日本の大衆浴場もそうですね。はだかのつきあいで権威の通じない場所でした。子どもの情緒もはだかになると素直に分かります。不安定なら嫌がり、安定していると喜ぶものです。

またお風呂場は、昔から湯治場といわれていたように心身をリラックスさせる効用もあります。子育てに大事な情調性と体調性と親和性の三つのしつけが、同時にできる環境と雰囲気のあるところです。

体調のしつけは乳幼児期から、顔を洗い、歯をみがき、トイレの始末といろいろありますが、子どもはだれでも進んではしないものです。習慣の変更が伴うのでエネルギーを消耗するからです。はじめは遊びに含めて楽しくしましょう。

子どもの好きな音楽でも流しながら、お母さんも一緒にリズムに乗って歯をみがいたりします。最初は簡単に短く、慣れてきたらだんだんと延ばします。はじめから負担を長くすると子どもは嫌がります。はじめ短くあとあと普通にがコツです。

食べ物の好きだ嫌いだで食事のたびに大騒ぎ、歯をくいしばって口を開けない幼児の上に馬乗りになり、口をこじ開けて嫌がる野菜を押し込むという、大変なお母さんもいました。これでは子どもはますます野菜恐怖症になりますね。

ニンジンが嫌いだ、ピーマンが嫌いだという子どもに、なんとか栄養のバランスを考えた食事をさせようという、お母さんの必死さは分かりますが、これは食事のしつけにはなりません。無理やり流し込んだものは胃の中で消化吸収されないからです。

ちかごろ食べる食材の中身のよい悪いに、こだわりを持つお母さんが多くなりました。たしかに食材残留農薬、化学薬品添加食品、遺伝子組み替え食品と目まぐるしく変わる食材への不安感は当然です。子どもの命を守るのがお母さんの立場ですから。

できるだけ自然な食材を使って調理するのはいいのですが、そのあと、さっきのお母さんのような食べさせ方では、食べ物に恨みを持つ子どもに育ちます。しつけの反対の結果になるのです。食事のしつけで大事なことは食べさせ方の工夫です。

子どもの食べ物の好き嫌いの理由を調べます。味、匂い、硬さ、喉ごしなどの食感といわれるものがそれを決めていることが分かります。子どもの好きな食材の食感にあわせて嫌いな野菜も調理してみましょう。案外に食べるものです。

食事のたびに馬乗りになるとお母さんも疲れます。体調のしつけの中の食事のしつけはお母さんと子どもの知恵比べと思いましょう。

肌の刺激で子どもに快感体験をさせよう

誕生した赤ちゃんが、初めて出会う人工物との触れ合い、それはお母さんが愛を込めて準備してきた産着でした。命のはじまりからある感性がいちばん集まっているのが、赤ちゃんの肌ですが、このときの刺激はあとあとのしつけに大きく影響しますから、できるだけ最初の産着はソフトでやさしい感じのものにしてください。

ここまでは気づくお母さんもいますが、お母さん自身が着る産後のパジャマにはそれほど気を遣いません。自分の好き嫌いで選んでいる人がほとんどです。

はじめて赤ちゃんを授乳で胸に抱きかかえます。赤ちゃんの柔らかい肌は、お母さんの温かいおっぱいとパジャマの襟《えり》で刺激されます。授乳時にはお母さんも赤ちゃんの産着のような、やさしい感じのパジャマを選んでくださいということです。

なぜかというと、体調のしつけでもっとも重要な役割を果たす「体性感覚」という皮膚触覚が、子どもの肌には全身に広がっています。もちろん大人にもあります。

その数十億の神経叢の数は同じですから、体が大人の何分の一という小さい子どもはそれだけ何倍という繊細な肌の触覚を持っているのです。

子どものしつけは、この体性感覚（肌の触覚）を十分理解してすると、比較的やさしくできます。ただ、この快感を受ける受容体は皮膚下三ミリほど中にあるので、少し圧力が必要ということも覚えていてください。

抱きしめると子どもが喜ぶのはこの感覚が刺激されるからです。またこの感覚を通して受けたしつけは、なかなか忘れないものです。逆にこの感覚に苦痛の刺激を与えるとそれもなかなか忘れません。体罰が恨みを残すのはこのためです。

近ごろの相談に、おむつ離れの難しさが多くなってきたのもこれに関係がありそうです。ほとんどのお母さんが便利さのせいか、紙おむつ（化繊おむつ）を使っています。なかには一年も使い続けている人もいます。

この紙おむつと称する化学処理工場は、メーカーの熱心な研究成果で、すてきな商品が続々市販されています。一晩中替えなくてもサラサラして気持ちいいとか、小水処理なら四、五回は吸収しますとか、ますます便利になって手間いらずです。

赤ちゃんも、化学処理工場をお尻にぶら下げて、少々重いけどサラサラとする感じはそれほど悪くない、ということでよく売れているようです。

相談の答えは、「布おむつに替えて肌に不快感を与えなさい」です。多少取り替えが面倒ですが、お尻がベトベトになる不快さを感じると、子どもはおむつを外したがります。何回かはお漏らししても、すぐにオマルやトイレでする快適さを覚えます。肌に与える快感や不快感を使い分けるのです。これも体調のしつけの一つです。

さて、たいていの子どもは着替えを嫌がって、お母さんが別の服に取り替えようとすると逃げ回ります。肌への刺激が変わるからですね。

子どもの洋服を選ぶときは、肌の刺激を考えて同じような質感のものを選びましょう。着替えさせるのが楽になります。

子どもの着るもので、とくに大事なのは外側に着る服よりも下着です。子どもの下着は赤ちゃんから児童期まで、お母さんが選ぶときはこの肌の感覚を大切に、慎重にしてください。肌にあう下着は子どもの心身をのびのびと育てるからです。

悪い刺激は、人だけでなくすべての生物の成長に悪影響を与えます。一九八三年の国際サイエンス学会の発表によると、植物のシラカバ、ミズナラ、ポプラなどの葉を、一枚でも引き裂くような悪い刺激を与えると、植物ホルモンが急変したそうです。

その結果、全体の葉に危険信号のタンニンやフェノールが急増し、枯れだしたのです。

植物の性質が歪み、成長が衰えるということでした。

食事のとき「箸の上げ下げまでケチをつける」という言葉がありますが、案外にこういうのが多いのですね。「しつけでいっているのだ」といい張る人もいますが、これはしつけにはまったくなりません。あとの納得がないのです。

子どもの肌の感覚は鋭敏ですから、たとえ言葉でも不快な刺激として拒否します。体感としては何も残らないのです。本当のしつけは、あとあと子どもの心身に快感刺激として残り、なるほどと納得して記憶されるものです。

納得とは、紙おむつを布おむつに取り替えたときのように、そのときは不快であっても、あとあと大きな快感になるという実感を子どもに理解させることです。

やる気を育てる〝丸い動き方〟

みなさんの家庭のテレビ受像機はアナログ型ですか、それともデジタル型ですか？

――いまの社会全般にこの言葉は氾濫しています。

それが情報機器の性能分野だけの話なら別にどうとも思いませんが、何でもデジタルがかっこいいと勘違いする風潮が出てきているのが気になります。

子育てしつけにこの考え方は、持ち込まないようにしましょう。人が使う道具の進歩と人そのものの育て方はまったく違うのです。人の命は自然が生みだしたものですから、自然の流れに従うのが当然です。自然の流れはもちろん〝アナログ型〟です。

デジタル型は、いろいろな質量の変化を0か1かで〝断続〟計量し、他は異質として切り捨てます。それが子育ての考え方には危険といえます。

自然の流れは、太陽系の運行から分子の世界の動きまですべて〝連続〟しています。連続する動きとは0と1の間に無限の数値を認めるものです。

子育てしつけに必要なお母さんの動き方も、この連続するアナログ型の自然の流れと同様にすれば、子どもも素直に受け入れてくれます。

歌舞伎俳優の坂東玉三郎さんの舞踊は、いつ見ても優美で美しいと思いますね。以前、玉三郎さんが円舞論というものについて話されているのを聞きました。それは、ひと言でいうと「動きの流れを断続しない。丸い動きを多く取り入れる」というものでした。それがあの優美な流れる曲線を生みだしたのでしょうか。

このような〝丸い動き方〟をお母さんにも分かってほしいのです。昔から伝えられた子どもの遊戯には必ず丸い動きが入っています。いまの保育園や幼稚園の集団遊戯も丸い動きが基本として入っています。なぜでしょう。

それは、自然の動きだから、丸い動きはもとに戻るという、命の安心感が子どもに働きかけるためではないでしょうか。そこで、いつもお母さんが子どもに対応する動きのことを思いだしてみましょう。

幼児が部屋の片づけをしてくれました。「お利口だね、ありがとう」といってお母さんは、子どもの頭をゆっくり手でなで回してあげます。自然ですね。これがアナログ型の丸い動きなのです。

このとき、いきなり手を頭にパンと置いたら、子どもは叩かれたのかと一瞬思うでしょう。さらに断続的になでたらびっくりして逃げだすに違いありません。ところが案外、このようなデジタル型の不自然な子育てをしている人がいるものです。

お母さんが三歳の女の子の髪を整えてあげます。やさしくクシを動かして「きれいにしましょ、かわいくね〜」と話しかけながらなでるように髪をとかします。子どもはうっとりして気持ちよさそうです。これが体調のしつけの原点です。

この、「身繕い（グルーミング grooming）をすると気持ちがいい」ということを、子どもの体に伝えるのが体調のしつけです。その快感記憶が将来まで残り、あとあと自分なりに体を整える楽しさを覚えていくわけです。

以前、二歳ぐらいの女の子を連れて買い物をしているお母さんを見かけました。あちらこちらと歩き回ったのでしょうか、子どもはくたびれてグズグズとお母さんにまとわりつき、抱っこしてと頼んでいるようでした。

見ていると、いきなりお母さんは女の子のほっぺたをバシバシッと叩き「ママも疲れているのよ、歩けないなら置いていくわよ!」と、その子を道路に置いたまま、すたすた歩きだしたのです。女の子は泣きながら、よたよたとあとを追っていきました。

たぶんこのお母さんは、しつけのつもりだったのかもしれませんが、これでは逆の恨みしか残らないでしょう。大人が疲れるほどの距離を幼児を引き回し、叩いたあとは放りだすと脅したのです。生理的にみれば〝脅ししつけ〟は、子どもの毛細血管を萎縮させ脳の発達まで阻害するのです。

幼い子どもからみれば、お母さんの手は巨大な野球のグローブみたいなものです。その手はもっと大事な方向に使いましょう。子どもはいつもお母さんの手を見ていると思ってください。体をなで回し子どものいい面を引きだす方向に使うのです。

この場合、女の子を抱き上げほっぺにチュッ、ほほずりして「いっぱい歩かしてごめんね、ママも疲れているから一緒に手をつないで帰りましょうね」と伝えたら、やる気を引き出すいいしつけになったのです。たとえ聞かなくても心に傷は残りません。

スキンシップ、タッチング、カップリング

子育ての中でよく使われるのが「スキンシップ」という和製英語です。すでに一般化して長く、子どもの心を癒す特効薬のようにいわれています。

でも実際はそれほど役にはたちません。服の上からの触れ合いぐらいで心が癒されるなら、ラッシュアワーの電車で押し合いへし合いすればすむことです。自然科学の裏づけもないただの思い込みにすぎません。

お母さんと子どもの触れ合い方は、「タッチング」を主体にして接触しましょう。これはちょっと触るといった、お義理のようなものではありません。

朝方、子どもが保育園や幼稚園に、また小学校に行くとき、玄関先で抱きしめ「気をつけてね、いってらっしゃい」と送りだします。この抱きしめが「タッチング」です。多少

の圧力と一〇秒ほどの時間が必要です。生理的な受容体が受け入れるためのタイムです。

それがどういうわけか、スキンシップという見せかけ接触が広く流行しました。その結果ではないかと思うのですが、いま多くの子どもたちが精神的な欲求不満に陥っているようです。青少年の心の荒れ方もひどく、悲しいことです。

このタッチング（touching）という言葉には、「感動的な」という意味も含まれています。そのことが大切なのです。体調のしつけと同時に情調のしつけもできますから、お母さんはもっともっと子どもに使ってほしいと思います。

実際に欧米では、お母さんたちはタッチングを多く取り入れた子育てをしています。それは子育て文化の長い歴史の上からも実証された効果があったからでしょう。

生理機能の研究から分かっているだけでも、このタッチングの快感刺激は、脊髄を通し小脳に伝わって、副交感神経より全身の各細胞にゆきわたります。そして脳内活性化酵素を増加させます。つまり頭もよくなるというわけです。

私たちの子育て文化は、古い東洋思想の儒教的な影響を引きずり、いまだにサナギから脱皮できません。「男女七歳にして席を同じうせず（礼記内則）」などの考えが、形を変えて殻になっているのではないでしょうか。

これは子どもたちにとっても不幸なことです。世界的に情報が共通化されてきたいまは、よいものはもっと取り入れましょう。欧米のお母さんたちは、大学生ぐらいの息子と人前でも平気でタッチングしています。人間性の尊重ですね。

「カップリング（Coupling）結合」という言葉の意味が分かりますか？　これは筆者の造語ではありません。工学分野では広く知られた〝動力を伝達する機能〟のことです。

人と人の触れ合いにおいて、「カップリング結合」のような完全な結合があるのは、妊娠中のお母さんと胎児の場合だけです。多少似たような状態もありますがそれは別の話。私は二〇年ほど前から胎児期教育のセミナーで使いはじめました。

お母さんと胎児は、このカップリング状態で完全に結合しています。お母さんの持つすべてのエネルギーは、この機能で胎児に伝わるのです。近代胎教の中の生理学で、この機能をうまく生かしましょうと話しました。

しかし誕生後は、体は別々に離れます。でもカップリング効果のすばらしさを、母子共に忘れないでください。温かい子宮内膜に全身の皮膚をピッタリ密着し、お母さんが胎児の心身のすべてを育てていたときのことをです。

もちろんこんな密着状態は、生まれたあとにはありませんが、「皮膚接触は面積の大きさが大事」だと覚えていてほしいのです。単純な話ですが、子育てのしつけでうまくいかないこともあるでしょう。そのとき抱きしめるなどしてエネルギーを補充する場合は、接触面積が広いほうがよく伝わるということです。

心を癒す何々の触れ合い——と言葉だけはあふれています。本当の触れ合いが少なくなったせいでしょう。青少年が携帯電話やテレビゲームに熱中するのは、業界が上手に乗せているためだけとはいえません。皮膚の触れ合いが少なくなれば、人はだれでも不安になるのです。その孤独感を埋めるための〝擬似触れ合い〟として氾濫しているような気がします。当然、職業上ぜひ必要な人々は別としてですが。

子どもの心は「動相」で見える

子どもの心が見えなくなったと悩むお母さんが多くなってきました。中、高校生ならともかく、小学生や幼児まで心が分からなくなった、宇宙人のようだというのです。でも、おかしな話ですね。外から見れば私たちはすべて宇宙人なのですから。

体調のしつけでは、まず子どもの心の状態を知りましょうといいましたが、一般的には情緒が不安定になると〝異常なしぐさ〟に出ます。性格が荒れると、異常な行為に出てくるものです。

この〝動きとしぐさ〟の見方が大事です。子どもの心は見えます。「動相」——これは筆者の造語ですが、人の人生を予見するという手相や人相、骨相から足相なんてものまで多くありますね。それなら人の動きで判断する、動相という言葉があってもいいと思いました。

人の動きやしぐさには、その人の感情や性格や情緒の状態が、絶えず現れているものですから、よく観察すれば子どもの心の状態も見えるのです。ただ、判断するときは、よいとか悪いとかの善悪で分けないようにしましょう。

つぎに、心の作られ方と在り方、動作の分類をまとめてみました。

【感性と性格と情緒の動相分類表】

◉刺激によって「感性でつくられる性格」の例

人の性格は、その人の感性への刺激の質と量がどうかかわるかでつくられていきます。
性格の反応は、意識的な行為として外部に現れてきます。
（これらは複数で根づくもので、よい悪いの例ではありません）
優しい　乱暴　思慮深い　軽薄　意地悪　温情　冷酷　鷹揚　狭量　寛大　意固地
優柔　堅固　大胆　細心　気丈　気弱　厚情　薄情　謙虚　尊大　愚直　狡い
豪放　臆病　誠実　卑劣　健気　身勝手　快活　内気　勝気　弱気　陽気　陰気
執着　浮気　気長　短気　明朗　暗い　素直　強情　穏やか　激しい　勇敢　卑怯
やる気　嫌気　潔癖　不潔　気強い　気弱い　移り気　粘り気　気紛れ　執念深い
人懐こい　人見知り　虚栄　見栄っ張り　正直　嘘つき　虚勢　真面目　不真面目
お人好し　根性わる　せっかち　のんびり　几帳面　だらしない　わがまま　迎合
甘ったれ　憎々しい　気楽　呑気　楽観的　悲観的　自虐　他虐　内向的　外向的
躁的　鬱的　卑屈　高慢　繊細　図太い　意気地なし　意地っ張り　負けず嫌い

◉刺激によって「性格と情緒でつくられる感情」の例

人の感情は、その人の性格への刺激の質と量に、情緒がどうかかわるかで変化します。

情緒が安定していると感情の起伏が小さく、不安定だと起伏が大きくなります。

情緒と感情の反応は、無意識的なしぐさとして外部に現れてきます。

(感情の振幅に大きな影響を与えるものが情緒の安定度といえます)

喜　怒　哀　楽　愛　憎　恩　恨　が基本ですが、細かくみると、まずイライラ感
嬉しい　楽しい　腹立たしい　悔しい　寂しい　憎い　悲しい　苦しい　情けない
虚しい　侘しい　羨ましい　きつい　愛しい　怖い　恐ろしい　恋しい　好ましい
安堵感　喜ばしい　微笑ましい　恨めしい　嫌らしい　鬱陶《うっとう》しい　つらい　満足感
愉快　爽快　しんどい　茫然　放心　唖然　驚く　平静さ　いかる　おこる　嫌う
不安感　安心感　快い　逆上　歓喜　悲壮感　高揚　低調　浮かれる　落ち込む
激昂　慟哭　感動　感激　感恩　感慨　感泣　号泣　感謝　感銘　堪え忍ぶ　悲嘆

観察分析	行為やしぐさ例	原因&遠因	是正には母親の対応で
集中力欠如	じっとしない	失敗非難で自信喪失	自信回復へ成功体験を
自損行為	頭を掻きむしる	愛情不足で欲求不満	裸での皮膚接触を多く

他損行為	他人に乱暴	冷たい育児で孤独恐怖	愛情不足ベタベタ親子に
強情な行為	人を無視する	過干渉がつくる強情	過保護に切り変える
気弱く臆病	人の顔色を窺う	冷たい接触で怯え症	抱きしめ自信をつける
嘘つき行為	目がキョロキョロ	厳しいしつけ	問い詰め言葉をやめる
残酷な行為	弱いもの苛め	意地悪子育て	母親が情緒を安定しよう
意固地行為	意地っ張り	箸の持ち方まで干渉	おおらかな接触に変える
物に当たる	飽きっぽい	愛情不満の情緒不安	母子の交流遊びを多く
言葉が遅い	指しゃぶり	よい潜在記憶の欠如	甘えの充実を子育てに
友人とまずい	いつも一人	母子の対話行き違い	母親の自信喪失を直す
登校登園拒否	無意味物に執着	母親の接触不良	母親の皮膚接触を多く
対人没交渉	目線を合わさず	情緒障害状態	前記全体の対応が必要

第5章
信頼が育てる「親和のしつけ」

――― お母さんの親和力が、子どもの親和力を引き出す

親和性は自信を与えることで伸ばす

子どもが一、二歳になると、いわゆる〝公園デビュー〟などという、集団性や社会性を必要とする人と人のかかわり方が要求されます。保育園や幼稚園に通園するまえから、友だちづくりや人との交わり方を知らせるためですね。

それらも実は、乳幼児期における家庭内での「親和のしつけ」が大切ということなのですが、ただ、しつけ方によっては「親和力」を高めたり、低下させたりすることもあります。この親和のしつけのルールを無視したり、また、ルーズなしつけで力を低下させた結果、集団性や社会性の弱い子どもたちを育ててきたのです。

登園拒否や不登校、さらに小学校まで授業崩壊が多くなっています。昨年の東京都の教育庁による調査発表では、都内の公立小学校一万七二〇八学級のうち、学級崩壊を起こしたのは二九六学級といいますから、一万二〇〇〇人の子どもたちが学級崩壊に巻き込まれ、つらい経験をしたということになります。

親和力とは、「子どもが自分のまわりと仲よく調和していく力」のことですが、調和力といえば子ども自身の内部に働く力と間違われるので、私はあえて親和力といっています。この力は子ども自身とまわり、外部との関係においてより積極的に親しく引きあう力、つまり愛の引力の強さのことです。

一九世紀のドイツの作家で詩人のゲーテ（Johann Wolfgang von Goethe）も自然科学論の中で、人と人のよい関係づくりについて、この「親和力」という言葉で大切さを伝えています。

また化学の世界でも、物質と物質が接触した場合に融合しやすい性質の強さなどを親和力といっています。しかし、ここではそういう意味としてではなく、ゲーテの残した親和力という言葉は、あくまで人間関係の領域のこととして大切にしていきたいと思います。

子どもにこの親和力を伝えて育てるために、「親和のしつけ」が必要となるのですが、このとき、お母さん自身の親和力が強ければ比較的やさしくしつけられるものです。でもいまは親和力の弱い人たちがずいぶんと多いようなので、その場合のお母さん自身の力の強化の仕方をはじめに述べましょう。

実は、親和力の弱さとは〝自信の不足〟からきているのです。何事にしても自信がないと引っ込み思案、内弁慶などといわれ、子ども自身もつらい思いをしています。ですから力を強くするのは、お母さん自身がまず自信を持つことから始めましょう。

子育ての中での大事な自信とは、「甘えの受け方」と「しつけの伝え方」における自信です。ですから、この本をここまで読みすすめてきたお母さんは、すでにたくさんの自信が生まれてきたはずです。それが親和力の強化となっていくのは間違いないでしょう。

お母さんの親和力による子どもの親和性のしつけは、養育の仕方（ブリーディング breeding）が基本になるので、日常生活の中での接触対話が大切となります。

子どもが保育園や小学校に登校するとき、玄関先でお母さんがその子を抱きしめ「大好きな○○ちゃん、車に気をつけて、いってらっしゃーい」と見送ります。これは毎朝どこでもよく見かける光景ですが、このとき、お母さんの親和力が子どもに伝わって、親和性のしつけになっているのです。

このような、お母さんが子どもに対してやさしく愛情を伝えたいとする行為が、子どもの親和性のしつけになります。人と人とのかかわり合いや、人と物（環境）との触れ合い方をやさしく調和させていき、子どもにそれを快感として感じさせていきます。心にこの経験を与えることが、親和性のしつけのコツとなります。

ただ、そのとき子どもの心にお母さんへの信頼がなければうまくいきません。愛されている実感を子どもが持っているか、ということです。

お母さんの中には「あふれるほど愛情を注いでも、この子はしつけをまったく聞かないのが悩みです」という人がよくいます。〝愛情のすれ違い〟です。このままではしつけはできません。子どもの心に何が不足しているかが分かっていないのです。

このようなときは、あらためて〝心の袋〟を大きくする章（第2章）を開いてみてください。何が不足しているか分かれば、その補給の仕方も理解できるはずです。子どもは心が充実して大きくなれば安心して親和性のしつけを受け入れるようになります。

子どもの心に自信をつけるには、お母さんに愛され必要とされていると、子ども自身に実感させなくてはならないのです。

お母さんは子どもが幼いときから、絶えず「○○ちゃん悪いけど、このお手伝いをして。

お願いね」と頼ること。そして手伝ってくれたら「ありがとう助かったわ」と、きちんと礼をする習慣をつけましょう。

子どもが「ぼくは、お母さんに必要な人なんだ」と思うこと。これらが重なって子どもの心に自信をつけるのです。親和性のしつけは、母子相互の信頼関係から始まるということです。

「甘え」と「反抗行為」は同じ心の表裏

休日に幼児を連れてデパートへ行くとえらい混雑で、あれよあれよと思う間に子どもとはぐれてしまいました。青くなって捜しているうちに、大音量で「迷子のお知らせ」の店内放送。ほっとして案内所まで行くと、さんざん泣いたらしく涙で顔をくしゃくしゃにして座っています。お母さんはかけよって「〇〇ちゃんごめんね」と抱き寄せようとすると、子どもはまた激しく泣きだす——こんな光景はよく見かけますね。お母さんとはぐれたあと、見知らぬ大人たちに囲まれ、あれこれ質問されておびえ、不安で寂しい思いをしたのでしょう。

さてそのあと、この子は、お母さんの顔を見た瞬間に、「ママがいなくなって寂しかったよー」と、泣いてすがりつくと思いますか。

いいえ、それどころか、まるで〝テレビゲームの悪魔〟にでも出会ったようにお母さんをにらみつけ、「バカバカ」とむしゃぶりつくとお母さんを叩きだすのです。そのとき、お母さんは、「よくも叩いたなー」と怒って叩き返したりはしませんね。これは甘えの違った形の表現と分かっていますから、お母さんは叩かれっぱなしで「ごめんね、ごめんね」といって抱きしめます。これでしばらくすると、子どもはケロッとして笑いだしもとに戻ります。

しつけ間違いの多くは、このような場合に起こるのですが、これはしつけの領域ではないことを知りましょう。これは心の情緒の分野なのです。

情緒が不安定になると、しばしばこのような反抗行為で甘えを訴えることがあるものです。この「反抗的行為の甘え」の受け入れを知らず、叩き返したりしていると、虐待の始まりとなります。

するとしつけるどころか、子どもの心をねじ曲げる育て方になります。親和性のしつけは、とくにこのことに気をつけましょう。心の状態が不安定であれば、すべてのしつけは受け入れる余裕がないからです。

それを、わがままとか、素直さがないなどと思い込み強圧的にしつけようとする人は、ただ本人に心がないので子どもの心を理解できないだけです。

人と人のかかわり方のしつけでは、まわりの状況を察知する力を伸ばすことも大切ですから、この〝強圧的しつけ〟は、子どもの心も理解しない押しつけとなって、かえって反対の結果の反抗心を潜在させるようになります。

このような態度は幼児期だけでなく、少年期や思春期にもよく出てくることがあるので気をつけたいものです。かさねていいますが、情緒が不安定なとき「甘えはしばしば反抗的言動に現れる」と気づいてください。

甘えの不足は、〝心の袋〟を大きくすることで、情緒の安定をはかってあげましょう。甘えを充実されれば情緒は安定して、表現も素直になるものです。

このように「しつけ」と「甘え」は、大きく相互に作用しあい、子どもの心に根づいていくものですが、〝間違いしつけ〟のほとんどは、この相互作用への無理解から起こっているのです。いまの社会は多くの情報が入り乱れ、なにが本当でなにが嘘かさえはっきりしなくなっています。子育ての仕方でも同じ混乱が起きているようです。なかでもこの

「甘え」と「しつけ」の分野では、なんとも無責任な風潮が広まってお母さんたちを惑わしています。

「甘え」の大事さも分からず悪いことだと決めつけ、「しつけ」の領域も知らず、ただ厳しくしさえすればいいと押しつけ、ますます子どもたちを情緒不安定に追い込んでいます。

そのため多くのお母さんたちまで情緒不安に陥り、自然な愛情の伝え方にも逡巡するようになっています。甘えさせるのは悪いことだと思い込む〝甘えの被害妄想〟と、しつけは厳しくしなくてはと追い回される〝しつけ脅迫症〟の感染症候群です。

人は百人百様です。百人の子どもがいれば百通りの育て方があるのです。子どもの心をいちばん理解できるのはお母さんしかいません。もっともっと自信を持って、このようなやじ馬的風潮に乗せられないようにしてください。

もしも迷ったときには山や森、自然の中に行きましょう。自然はいつも正しい答えを出してくれます。なにしろ私たちの生命を育ててくれたのは大自然なのです。

そして、ひょっとしたら、いまつらい思いをしているかもしれない子どもを、しっかり抱きかかえ、お母さんの愛を込めた親和力で守ってほしいと思います。

まわりのモノへの愛着心も育もう

「親和のしつけ」は、家庭や社会での人や物事との接し方を育てることです。人とのつき合いは、お互い思いやりをもって触れ合いましょう――これはだいたい分かるけれど、相手がモノだとよく分からないというお母さんもいます。

お母さんが幼児を連れて友人宅を訪れました。友人宅の玄関でクツを脱ぎ上がります。「クツをきちんと揃えなさい」とお母さんにいわれ、そのようにした幼児は、友人から「なんてよくしつけられているのかしら」と感心されます。そこでお母さんは、「でもこの子は、自宅でこんなにはしないのよ」と照れながらも少々鼻が高くなる、というようなことがありますね。

これは「親和のしつけ」ではないのです。あとあとの行儀作法などの学習訓練の分野で覚えればいいことです。子育てのしつけは人に見せるためのものではありません。

この場合子どもが、足にあわないとか、形が嫌いだとか思うクツだったらどうなるでしょうか。たぶん人が見ていなければ、脱ぎ捨て、放り出したままにするでしょう。そのクツに愛着を持てないからです。

外ではいい子ぶっていても、自宅ではやりたい放題する子どもは、この例が多いのです。自分自身を支えてくれる人々や、まわりのモノへの愛着や信頼感（お互いの必要性）が、子どもの行為として現れるように育てる。それが「親和のしつけ」です。

壊れたおもちゃの切れ端とか汚れた人形など、大人から見れば大した価値もないクズみたいなものでも、子どもが宝物として大事に隠してあることがよくあります。その奥にある深い意味に気づきたいものです。

子どもがモノにこだわるときは、実はモノそのものではなく、モノがかかわった思い入れにこだわっているのです。つまりその思いが心の寄りどころの愛着心です。

先例の場合、その幼児に砂利道を裸足で歩かせてみましょう。痛がって何歩も歩けません。そこでクツをはかせて歩かせます。ささやかなクツが自分の足を守ってくれることを知ります。クツさんありがとうとの思いが出てきます。親和性のしつけの一つです。

情緒不安定になると、子どもは自分を抑え切れなくなるときがあります。まわりの人や、壁や机や本など何にでも当たり散らすこともあるでしょう。でも不思議なことに自分が愛着を持つモノには当たらないのです。

親和性のしつけで必要なのは、「モノをきれいに使いなさい」とか、「きちんとお片付けしましょ」などの、整理整頓の学習ではないのです。そのモノとのかかわりが、子どもの心の中に、どれほど快い思いとして残されていくかです。

〝心に残る思い〟こそ、親和のしつけのキーワードということになります。

古い桐のタンスで、あっちもこっちも傷だらけ。でも祖母から母へ、またその娘へと伝えられてきた懐かしい思い出が、一つひとつ引き出しにいっぱい詰まっている。人から見ればただの粗大ゴミ、といって簡単に捨てられるでしょうか。大人にも思い当たるはずです。

まえに植物や動物にも心があると話しましたが、実は、そこらに転がっている石ころや、私たちの身のまわりにあるすべてのモノにも意思はあります。「ええっ！　まさかー」なんてあきれないで聞いてください。

数日まえのことですが、電車の中でメガネをかけて新聞を読んでいたところ、よく見えません。いくら拭いても曇ったままです。もう数年は使っていたものですが、よく見るとレンズに無数の傷が入っています。

「やれやれ傷だらけだ、まあよく働いたものなあ……しょうがない買い替えるか」とひとり言をいったとたん、レンズが枠から外れてぽろりと落ちました。枠まで伸び緩んでいたのですね。これはもうだめだな、持ち帰って何とかしようと窓枠に乗せました。目的地で降りるとき、メガネが見当たらないのでてっきり自分でしまったんだと思って電車を降りたのですが、家に帰って持ち物を調べても出てきません。それっきりでした。たぶんこちらがメガネに捨てられたのでしょう。

生物の細胞は数千分の数ミリの大きさですが、それぞれが意思を持っていることは、もう生物学の常識となっています。人の体内の免疫細胞などがいい実例です。だれにも命令されず独自の判断で免疫活動を見事に果たしていますね。

では〝モノ〟にも意思はあるのでしょうか。これはもう分子の世界のことなので推測しかできませんが、生物と違ってまったく動くことができないモノにも、きっとそれなりの意思はあると思います。ただ、あまりに微小の世界ですから、エネルギーとしても生物の数兆分の一ほどしかないので気づかれないのでしょう。これはオカルティズム（Occultism）の話ではありません。

ただの道具にも多少の意思があると思い愛着を持てば、長く一緒にいてくれます。嫌いだ不要だと思うと、自分で消えていくものの例が多くあるからです。

「モノにも愛情は分かるのよ」と、子どもに伝えてほしいのです。これも親和のしつけの一つと考えてください。

最良のしつけは、子どもに子どもの世話をさせること

六〇年ほど前の話ですが、小学校でウサギやタヌキなど小動物を子どもたちに飼育させていました。生き物を育てさせて思いやりの心を育もうという教育です。各小学校で数十匹は飼っていました。子どもたちも一生懸命になって世話をしたものです。

それがある日、全部いなくなりました。「大変だ！　ウサギやタヌキはどうしたの？」と、子どもたちは青くなって先生に聞いたところ、「みんな、毛皮になったんだよ……」。涙ぐみ押し黙ってしまった子どもたち……。

ちかごろ、小学校や幼稚園でも子どもに命の尊さを教えようと、小動物を飼育させるところが増えてきています。また、子どもたちも面白半分か、興味を持ってか、熱心に飼う子もいるようです。これで情操教育にもなるという話ですが――。

子どものしつけでは、ペットをペットとして何年飼っていても、親和のしつけにはなら

ないと知りましょう。大人の計算が働いたペットづき合いは、子どもにも見抜かれるからです。生き物を子どもに世話させるときは、必ず友だちづき合いを忘れないように伝えたいものです。友情や愛情のないつき合いからは親和のしつけは生まれないのです。

社会とか集団生活の中で、よい人づき合いの基礎となるしつけが親和性のしつけですが、よく子どものしつけになればと、幼児にイヌやネコの世話をさせたりしている人もいるようですが、これは親和性のしつけにはなりません。動物の生態は覚えますけれど。

人と人とのよい関係や思いやり、また、命の尊さを気づかせるしつけは、これとはまったく別のものです。モノとの関係でもお話ししましたが、お母さん（または先生）の親和力が働かないと親和性のしつけにはならないのです。

命の大切さを子どもに伝えたいのなら、子どもに子どもの世話をさせることです。内容や仕方はどのようにしても、たとえ三歳の幼児でも赤ちゃんの命を預けると、せいいっぱいの努力をして赤ちゃんを守ります。これが最良の親和のしつけとなります。

ずいぶん昔から、上の子どもに下の子の子守りをさせてきたのは、それなりの大事な理由があったのです。いまは、幼児のときから〝自分より弱い命を守ってあげる〟という貴重な経験をさせる場がほとんど失われてしまいました。

少子化のせいだなど言い訳にもなりません。たとえ兄弟が二、三人いても、幼児期に下の子の世話を上の子にさせている家庭は本当に少ないのです。もっと大人が知恵さえ働かせればいくらでも方法は見つかると思います。

家庭でこのしつけをすることが無理で不十分なら、補助的な意味で幼稚園や小学校でもできることがあります。まれにですが、子どもが少ない地域で複式学級などが設置されているところがありますね。小学一年生から六年生まで一緒の学級で学ぶなかで、自然に上級生が下級生の面倒を見ています。これは知能教育だけでなく大事な親和性のしつけの増強にもなって、子どもたちに集団生活と思いやりの大切さを育てます。また年下の子は世話されることで年上の子に尊敬と愛情の伝え方を学ぶのです。

この複式学級のすすめを筆者は二十数年いい続けてきましたが、あまり広がってはいないようです。いろいろとカリキュラムの面倒さや、指導の煩わしさもあるでしょうが、たとえ週一時間でもいいのです。先生方の親和力での勇断を期待しています。

このごろ、何を勘違いしたのでしょうか、地域に怖いおじさんとか、おばさんなどが出現しているようです。他人の子どもを監視して、自分の一面的な正義感や価値観で、注意したり叱ったりしている例があります。

しつけの三つの領域の違いさえ分からず、子どもの心の状態も知らず、やみくもに現象面だけのあげ足とりをするのは、ご当人の自己満足にすぎません。

このような勘違いしつけ（ケチつけ）は、対象が中、高生ならともかく、低学年の小学生や幼児にはいい結果にはなりません。低年齢の子どもの場合は、信頼感を持っていない見知らぬ人からの叱責は、大人に対する恐怖感とおびえを植えつけ、ひいては社会全体に不信感と反抗心を持つ子どもに育つ怖さがあるからです。

子どもの親和性のしつけは、少々難しい面があると気づいてください。相手に対しての信頼感がなければ、しばしば逆効果になることがあります。その子どもの将来に責任を持っていない人には、このしつけは到底無理と覚えていてください。

友だちやグループとのよい関係づくり

子どもの社会生活は、はじめはお母さんやお父さん、また兄弟などとの家族関係から始まります。ついで友だち仲間や知り合いと広がっていきます。このとき、親和性のしつけが必要となっていきます。

「うちの子は、友だちづくりが下手で困ります」とよく相談があります。このような場合、話を聞くと、やっぱりこのお母さん自身も友だちづくりがうまくいかないといいます。お母さん自身の親和力が不足していたのですね。

親和力は、「まず自分自身の自信をつけることから」とまえに述べましたが、大人の場合は、それはしつけではありませんから〝なんでもいい〟のです。振り返って考えてみましょう。

簡単にいえば、必ず人は、それぞれに違った面があります。べつにいいか悪いかではなく変わったところでもいいのです。髪の形が変わっているでもいいし、肌がピカピカして健康的だでもいい。自分自身の違う面を発見して、自分に惚れることから始めましょう。自己愛（ナルシシズムNarcissism）のすすめです。

うぬぼれは悪いことだ、なんて変な風潮に惑わされどれほど多くのお母さんが、自信喪失や自己嫌悪に追い込まれていることでしょうか。自分を愛することができなくて子どもを愛することなどできません。堂々と自分自身を愛しましょう。親和力の大きさは、この自己愛の大きさと正比例すると思いましょう。

自信が強くなれば、親和力も大きくなります。ただ相手や外部に対してそれを〝ひけらかさない〟、つまり自慢さえしなければいいわけです。自己主張として内に持っていればいいということ。親和のしつけのコツの一つとして子どもにもこれを伝えます。

また、自己主張は簡単に曲げたり捨てたりしないようにとも伝えましょう。〝自我主張〟と勘違いして捨てたりする子どもは、かえって友だちを失うことがあるからです。

自己主張は大いに、自我主張はできるだけ少なくするのが、親和のしつけの大事な面ですから、子どもに伝えるときくれぐれも間違えないようにしてください。

子どもも二、三歳になると、だれでも自己主張と自我主張を繰り返しだします。食べ物の好き嫌いから着るものまで、ああだ、こうだといいだすものです。そのとき、お母さんはしっかり子どもの言い分の中から、自我か自己主張か見分けなくてはなりません。

幼児でも自我は、欲と計算がその本音にありますから、それで判断します。その要求で本人がモノを得する（自我主張）のか、モノを欲しがっていない（自己主張）のかで分かるものです。その子の性格や感性での自己主張でしたら、個性としてできるだけ聞いてあげればいいのです。また、モノへの欲求はわがままという自我主張が多いので、できるだけ聞かないほうがいいのです。

しかし、子どもがむやみにモノを欲しがるときは、わがままのせいだけでなく、情緒面の欲求不満もあるので、それを満たすことも見逃さないようにしましょう。

　赤ちゃんがおなかもすいていなくて、おむつも濡れていないのに、グズグズむずかるときがあります。ママに甘えて抱いてほしいというおねだりですね。これは〝寂しい〟という自己主張ですからできるだけ受け入れてあげましょう。

　このことは、幼児や小学生になっても、しょっちゅうか、ときどきはあるはずです。お母さんが寝ているふとんの中に、するする潜り込んできたりすることがありますね。なにか心寂しい思いをしたのです。これなど、しばらくそのままにしていたら満足して寝ます。甘やかしにはなりません。自我主張ではないからです。

　幼児が友だちと遊んでいるとき、おもちゃの取り合いなどがあります。子どもが好きな自動車を、友だちが貸してという場合、「好きな自動車だろうけど、しばらく貸してあげたら」というのが、自我を抑えるしつけです。

　でも、友だちがその自動車を自分のものにしたいというのなら「あげなくてもいいよ」というしつけが、子どもの自己主張を守ってあげることにもなるのです。

　小学校や中学校のいじめ問題や校内暴力、授業崩壊など、すべての集団生活の不調は、幼児期に親和のしつけの不足から、子どもたちの親和力を育てられなかったことに原因があります。基礎工事が手抜きだったら建物は建たないのです。

あとあと学習や練習、訓練で学ぶ行儀作法とか整理整頓などの分野と、このような幼児期のしつけの領域との混同が、どれほど多くのお母さんや子どもたちを悩ましていることでしょうか。一日も早く気づいてほしいと願っています。

心と体と知能のバランスを整える

「私の赤ちゃん、こんにちは」。二八〇日、暖くて穏やかなお母さんのおなかの中で過ごしてきた赤ちゃんが生まれました。喜びをかみしめ添い寝をしながら、赤ちゃんにほほずりして話しかけます。かわいくてたまりませんね。

お母さんが、指で赤ちゃんの小さな手に触れると、しっかりと力強く握ったりします。実はこのときの赤ちゃんは、多くの不安でいっぱいなのです。安心できるお母さんの中からこの世界に押し出されてきたわけですから。

生まれて初めて聞く、お母さんのやさしい声の話しかけ。これが親和のしつけのはじまりです。赤ちゃんには初めての世界がどんなものかよく分かりません。怖い感じもしているでしょう。でもお母さんとのやさしい触れ合いでホッとしました。

「うーん、この世界もなかなかいいじゃないか」と赤ちゃんは思ったことでしょう。このような触れ合いが親和のしつけで大切なのです。人と人の触れ合いのはじまりは、お母さんと赤ちゃんの出会いからです。あとあと、人やまわりのものに信頼感を持って育つか、また、不信感を持って育つかは、お母さんの親和力の大きさの加減ともいえるのです。

よく知られていますが、私たちの命は三つの領域の組み合わせでつくられています。心と体と社会性の分野です。でも知能優先の考え方に支配されると、他のことは忘れてしまうようです。たまには出発点に帰ってみましょう。

はじめ一個の受精卵が着床して細胞の分裂増殖が始まります。このとき細胞は記憶された設計図に従って、それぞれが所定の役割を果たします。形質の遺伝ですね。大事なのは、各細胞は持ってきた記憶と感性と性質を伝えながら増殖しているということです。

一つの細胞の意思はすべての細胞に伝えられるのです。よい記憶の意思も、嫌な記憶の意思もです。出生時にはその細胞群は約六〇兆近くまで増殖し個性体として誕生します。人の細胞の寿命は約三年ですから、誕生後三歳になるとまた新しい細胞群と入れ替わるわけです。問題はこの入れ替わりの時期のことです。

子どもは三歳、六歳、九歳、一二歳……と成長、変化していくのですが、古い細胞は新しい細胞に命のすべてを引き継ぐと、あとは自壊してたんぱく質となってまわりに吸収されていきます。それだけに引き継ぎの中身をよりよくし、悪循環を絶つことが重要なのです。この三年周期循環説は、これからの精神物理学の世界でも、細胞生理学の分野でも、さらに検証されるテーマだと思います。

よくいわれる何とか反抗期などというのは、この時期の変化を理解できない人たちのこじつけ創作です。本来はもともと心理的な反抗期というものはありません。

幼児期、児童期や少年期の細胞変化の時期に、適切な「甘え」の受け入れとしつけの仕方をミスったというにすぎないのです。

まえに子育てのタイミングの大切さを強調した理由もここにありました。子育てしつけの重要さは、この命の三つの領域をバランスよく調和させることが目的なのです。

そのために、転換期のはじめにある三歳までのしつけ方、また、六歳までのしつけ方と、基本的なしつけの考え方には違いはありませんが、具体的な仕方は年齢に応じて多少変わっていくのは当然です。

「子育てしつけ」で大切なのは、心の育て方（情調のしつけ）と、体の育て方（体調のしつけ）と社会性の育て方（親和のしつけ）のバランスを整えることですが、多くのお母さんは、この三つのしつけの調和にはほとんど気を遣っていないようです。

しつけの調和がくずれると、子どもの情緒は不安定に、体は不健康に、社会性は発達が遅れだしたりします。そのことに気づかず、知能教育などを一方的に押しつけていると、幼いときは保育園や幼稚園の登園拒否になったり、児童期になると不登校になったりして集団生活への参加を嫌がるようになるものです。

子どもの命は、この三つのしつけがバランス失調になると素直に成育できなくなります。まず親の話を聞かない、集団生活への自信がない、他人や社会に不信感を持つ、などの歪んだ命に育つ例が多いのです。

社会性を子どもの命にしっかり注ぎ込むのは、しつけのそれぞれの領域の違いと仕方を、お母さん自身がよく理解してからにしてほしいのです。そして不足した領域があればそれを改めましょう。くれぐれも無理じいのしつけで子どもの心を傷つけてはなりません。前々の章を読めば分かるはずです。

親和性のしつけの大事な面は、他の二つのしつけと同様に上手に使い分け、お母さんと子どもを調和させることにあるのですから。

第6章
子育ての中の「育児力」を強くする
――― 教育に偏ると育児力は低下する

大事なのは「育児力」と「教育力」のバランス

アフリカにタンガニーカという湖があります。そこに世界的にも珍しい淡水魚が住んでいます。カワスズメというかわいい名の鯉ぐらいの大きさの魚です。この魚は卵から稚魚がかえると、一人前になるまでお父さん魚が口の中で育てるのです。

それは過酷な自然条件の中で安全に育てるためです。お母さん魚は口が小さいので、一〇〇匹以上いる稚魚が入りきりません。そして稚魚の育つひと月ほどは、お父さん魚は絶食します。ガリガリに痩《や》せても食べません。間違って子どもを飲み込まないためでしょう。

この話をすると、すぐそれは本能だという人がいますが、本能なら生存欲のほうが強いはずですから、これは自然が与えた使命感だと思います。種の保存の法則が許さないのです。自然界には〝きびしい子育て〟など存在できません。ルールは〝やさしい子育て〟だけです。

世界的な発明王といわれるトーマス・エジソン（Thomas Alva Edison）は、小学校で先生をあまりに質問攻めしたために放校されました。お母さんのナンシーは「なあに、トーマスは天才なんだよ。お母さんが教えるよ」といって元気づけました。それからお母さんは、猛勉強をして小学校の教員免許まで取り、家庭だけで教え育てたのです。これが本当の〝教〟と〝育〟ではないでしょうか。

いまは世界的に教育が混乱しているようです。〝教〟はどんどん発展していますが、〝育〟が置いてきぼりになっています。教育先進国が子育て混乱国になっているみたいです。教育力が強化されるほど育児力が低下しています。

一九九八年度のアメリカ小児学会（ＡＡＰ）の発表によると、次のような青少年の状態が出てきています。（一九九九年一一月二一日付け産経新聞）

一八歳までのアメリカの青少年、男、女性の生態状況調査。対象者一〇〇〇人のうち、

アルコール依存症　　三〇〇人　　三〇％

たばこ依存症		二〇〇人	二〇%
マリファナ依存症		二〇〇人	二〇%
コカイン依存症		一〇〇人	一〇%
性病経験者	男、女性	一〇〇人	一〇%
妊娠中絶経験者	女性	七〇人	一四%
未婚の出産者	女性	三〇人	六%

この調査例では、一八歳未満での性行為経験者は一〇〇〇人で一〇〇%でした。また、一八歳未満で性的関係を持った相手異性の平均人数は、男性は九人、女性は三人となっていました。このうち両親の離婚で片親だけの子どもは五〇〇人で五〇%でした。

これは、教育の技術水準では世界最高といわれているアメリカの例ですが、別に特別なことではありません。他の教育レベルの高さを競争しあっている国々も、ほとんどが似たり寄ったりの数字になっているようです。

私たちの国も教育内容の〝進歩〟はすばらしく、教育技術は最高水準に達しています。ここらで心ある関係者に、ちょっと立ち止まってまわりを見渡してほしいのです。若者たちは知的能力の高さだけで幸せなんだろうか？　と。

子どもたちを見ればその国の将来が分かる、といった先哲の言葉もあります。教育内容や技術のレベルアップだけに熱中する頭を少し冷やしてください。どうしたら、お母さんたちの育児力を強くできるかです。

「働くお母さんたちのために保育所を増設して、子育て支援をしよう」。それも必要だと思います。でも問題は、経済や子育て技術や環境整備のことではなく、子どもの心の育て方のサポートがおざなりなことではないでしょうか。

子どもたちが何事か事件を引き起こすと、さっそく学校や教育関係者が動員されます。責任のなすり合いはともかく、教育の内容や技術や設備の不備ではないかと、的はずれのあら捜しが毎回のように始まります。

しかし、教育の世界を何度ひっくり返しても、責任者は見つからないでしょう。子どもの心を荒れさせた原因は、教育界だけではないからです。教育は、子どもに知識や能力、才能や技術を、効率よく学ばせ習熟させるのが役割です。

その面ではそれなりの責任は果たしています。一部に心得違いの者もいますが、多くは努力を重ねているのです。この上見当違いの「子どもの人格形成」の分野まで背負わせればノイローゼ先生が増えるばかりでしょう。

問題の解決には、突出して増大した教育界の「教育力」と、なかば放棄され萎縮した家庭の「育児力」とのバランスの回復だけが役立つのだと思います。

しつけは「愛と信頼と根気」を持って

古代文明で知られたギリシャ地方の、美しい波のきらめくエーゲ海。点在する多くの島に残る古代遺跡の数々。二〇年ほど前ですが調査旅行で訪れました。

この海域のペロポネソス半島南部に質実剛健、勤倹、尚武の教育で有名な古代スパルタ都市国家がありました。紀元前四〇〇年のころです。

スパルタは武力で、当時文化や芸術の発展を中心にしていたアテネを破り、ある時期ギリシャ全土を支配しましたが、紀元前三三一年テーベとの戦争に敗れたのち衰退してしまいました。破れたアテネは、いまもギリシャ文化の中心の首都として繁栄しています。

ただ、軍事教育や競技スポーツなどハードな学習訓練の場では、いまだにスパルタはその影響力を残しているようです。スポーツのトレーニングなどの根性物語に、スパルタ教育として盛んに取り上げられ、それを幼、児童の子育てにおいてまで模倣する大人たちがいます。

青少年が自分で目的を持ち、望んで受ける場合はそれもいいかもしれません。嫌になればやめればよいのですから。しかし、家庭をやめることのできない幼、児童に、しつけと称して体罰やしごきをともなう子育てをしては、まずい結果になるでしょう。

子ども時代に、体罰や折檻を受けて育ったお父さんやお母さんが、子育てのときになると、また体罰や折檻、しごきを繰り返すという率は高いのです。悪循環します。それは、その心に苦しみや恨みなど消えない傷が残っているからです。

「子育てしつけ」は、お握りの作り方と似たところがあります。〝手塩にかけて〟作るとおいしいお握りができますが、コンビニなどでは機械作りが多いですね。衛生的だけど味はもう一つなにか足りません。

手の汗が足りないのです。それを愛情といいます。子どものしつけは手のひらからにじむ水分がないと、心にしみわたりません。お母さんと子どもの触れ合いには、良質の水分が必要なのです。昔は〝子どもを手塩にかけて育てた〟といいました。

ただ、教育上の学習や訓練に、このような水分を持ち込むと妙なことになります。教育は、すでにしつけられた心の土台に建てられる建造物です。論理性を主に進めるのが当然でしょう。しかし論理性と情は相反することが多いのです。

学校教育の現場に子育てしつけの情を持ち込まない。また家庭の子育てしつけに教育の論理を持ち込まないのが、それぞれの領域を大切にするということではないでしょうか。

知識、能力、才能、技術の学習訓練の教育現場に、情を持ち込むと必ず混乱します。好きな生徒だからテストを甘くしようとか、嫌いな生徒はきびしく扱うとか、これでは学級崩壊です。公平無私の論理性の原則がなくなります。

「いうことを聞かない三歳の男の子に、私はすぐ手が出て叩きます。悪いとは思うのですが」とたびたび相談にくるお母さんがいました。私が「それほど体罰したいのなら、そのときは叩かずメモしておいて、子どもが中・高生になってからその分まとめてしたら」と話したところ、ぷつっと体罰をやめました。

体罰教育とは、本質的に相手の弱みにつけ込むわけですね。自分より強い相手にはできないものです。〝弱い子どもに暴力を振るう教育〟などあるはずはありません。

相談の中で見てみると、体罰しつけを絶えずする人は、子どものためというより、自分の何かのいら立ちを、子どもに八つ当たりしてぶつけている例が多いのです。

「子どもは動物と同じだから幼いうちに、ムチで善悪を体に叩き込むのだ」と自分の子どもを人間扱いしないお母さんもたまにいます。

数年まえですが、あの世界的に有名なボリショイサーカスの名女性調教師の話を聞いたことがあります。彼女は〝ムチを振るって〟猛獣のライオン一〇頭ほどを自由に動かし、いつもすばらしい演技を見せてくれます。彼女はこういいました。

「ムチで動かすなんてとんでもない！　あれは次にする演技を音で合図しているのです」

ムチを振り回していると、なぜだか分からない人々は、大きな勘違いをするものですね。

それから彼女はこう話しました。

「高校を出た娘が私のような調教師になりたいといってきたとき、私が父から教わったとおり娘にさせました。しつけは愛と信頼と根気を持ってしなさいと」

そして、生まれたばかりのライオンの子どもと娘を、一緒に同じ部屋で同じワラを敷いて、文字どおり寝食を共に六カ月、子ライオンとまるで母子のように同居生活をさせたそうです。途中で娘が体調を崩して寝込んだときなど、子ライオンは心配そうに娘をなめまわし看病してくれたという話でした。

もっと社会で子育てを応援しよう

兼業主婦とか専業主婦などと妙な心ない言葉があります。働きながら子育てをしているお母さんや、子育てに専念できる立場のお母さんのことをいうのでしょうか。

実際は専業といっても妻業に加え炊事、洗濯、掃除といった家事業に、子育て教育業、買い物業に近所づきあい社交業など、並べるととても専業などとのんきな見方はできません。もともと主婦業は兼業そのものの仕事でした。

ですから家政婦業は、一般的に普通の事務系統に比べて倍以上の報酬になっているのも当然でしょう。それだけ仕事が大変だからです。それに比較すると男性の仕事はほとんどの人は専業です。もっと主婦業の中味を兼業で肩代わりしてほしいですね。

ちかごろ、兼業主婦がそれぞれの理由で、さらに仕事を加えもつお母さんも多くなりました。W兼業です。とくに乳幼児を育てながら働くお母さんは、本当に心身共にくたくたになって仕事を続けているようです。

一日は二四時間しかありません。外での仕事で八時間、通勤に三時間、家事に四時間とすれば、子育てに回す時間は三時間ほどとなり、休む時間は六時間足らずとなります。これでは健康を維持できなくなるのも当然です。

歴史的に見ても、子育てはその社会全体がかかわる大事業でした。小さくても部族、大きくなれば国全体の問題で、一人ひとりの子育てが失敗すれば、その民族の浮沈につながる大事だったからです。いまのように、子育てを個人のプライベートな問題としていたら、民族や国は必ず滅びてしまうと、当時の指導者は考えていたのでしょう。

おくればせながら気づいたのか、関係機関もそれなりに保育所を増設したり、労働時間の短縮とか、育児休暇などを増やしたりしていますが、まだまだ不十分です。毎年、少子化の荒波が、社会の基盤を洗い崩しているという現実を軽視しているのです。

それも子育ての支援というと、どうしてか経済と設備環境の改善となっていきます。まあしないよりはましかと思いますが、お金と設備さえ増やせば何とかなるという考え方は、安易で文字どおり〝情けない〟話です。

たまに子育て支援といえば、〝他人の子どもを叱ろう〟などという発想です。たぶん、他人の子育てにケチをつけ、アラ探しの監視を強化しようということでしょう。

いまは、バスや電車の中で、赤ちゃんや幼児を連れて無理して立っているお母さんを見かけても、だれ一人席を譲る人はいません。このようなとき、もっと社会全体が子育てをしているお母さんたちに愛情と好意を持って手助けしてあげれば、お母さんたちの子育てもより楽しいものになると思います。

実は、少子化問題の底にあるのは、社会を構成する個人個人の心の冷たさ、温かい心の欠乏ではないでしょうか。「人のことなど、かまっておれるか」という考え方と行動が蔓《まん》延《えん》しています。それで社会が冷たくなったのでしょう。

でも、だからこそ、お母さんにがんばってほしいのです。温かい心を持った子どもを育ててください。心の豊かさは乳幼児期に決まります。お母さんが注いだ愛の大きさが、そのまま子どもの心の大きさとなります。

その子どもたちが成人したとき、一人ひとりの力は弱くても、社会全体となれば大きな力になります。二〇年後の温かい社会をいまのお母さんの子育てでつくれます。

子育ては、そのときどきの社会風潮に迎合するより、心温かい社会をつくれる子どもに育てれば成功です。その子どもは必ずお母さんも幸せにしてくれます。

「お母さんが子どもを温かく育てる。お母さんをお父さんが温かく支援する。また社会もその家族の子育てを温かく見守り応援する。やがて成人した子どもは温かい社会が必要とする役割を果たす」――この循環がいま求められているのです。

つい先日、すてきなお母さんの話を聞きました。著名な俳優のH・Rさんのお母さんです。お父さんのおおらかなサポートに包まれて、そのリベラルな考え方を子育てにも、自身の生き方にも実行された見事な人でした。

このお母さんが、子どもたち（男子三人）に、どれほど慕われていたことでしょうか。H・Rさんが俳優座に入る二年前の一七歳のとき、お母さんがガンで亡くなりました。まだ五〇歳の若さでした。子どもたちは知らなかったのです。びっくりした子どもたちが枕元にかけつけると、お母さんはすでにこときれていました。

末っ子だったH・Rさんがそばによると、上のお兄さんがお母さんの胸をはだけ、三人でお母さんのオッパイにしがみつき、わーっと一緒に泣きだしたそうです。

子どもへの愛を形にして伝える知恵

このごろ不安情報がありすぎるせいか、幼児の熱が三七度になった大変だ、一日便が出ないどうしよう、子どもの目にゴミが入ったようだと慌てて救急車を呼び、病院にかけつけるというような、子育て中に何かといえばお医者さんを頼るお母さんが多くなりました。

ある小児科医によると、子どもの病気で救急医療が必要なのは、救急車で来た子どもの約三五%で、あとは、昔のお母さんなら家庭で治していたような軽いものがほとんどだそうです。

教育の中で相当な知識を授かったはずの若いお母さんが、意外に知らないのが子育ての知恵です。核家族化のせいもあってか孤立した子育てが多く、子どもを生んで初めて、赤ちゃんを見たり触ったりしたというお母さんもいます。

これでは育児力の低下などというより育児力喪失です。子どもを産み育てると決めたときからお母さんは子育て一年生になったと思いましょう。

自然は、お母さんに子どもの命と心と体を委ねたのです。一〇〇万年前の情報ゼロの時代から、お母さんたちは自分なりに勉強し育児力を高めてきました。それがなければいまの私たちは存在していません。

知識は行動して確かめ、実証したよいものが知恵として残ります。育児力はこの知恵の積み重ねから強くなります。お母さん、知恵を集めましょう。子育ての知恵、食物の知恵、病気や健康の知恵、心の育て方の知恵などです。

知恵はあまり深くは必要ありません。あるていど最低限の知恵でいいのです。ただ大事なことは専門家に聞いてよく調べましょう。早のみ込みやしろうと判断は避け、素直な気持ちで先輩お母さんなどの考えも参考にすることです。

医学を志した医学生が最初に習う言葉があります。紀元前四〇〇年ごろギリシャで科学的な近代医学を確立した医聖ヒポクラテス（Hippokrates）の残した箴言《しんげん》です。いまも医学教科書の巻頭に「ヒポクラテスの誓い」として掲載されています（208ページ参照）。

要約すれば、人の生命に畏敬と愛を持つこと。命をもてあそんではならない――何ともすばらしい言葉です。医学を究め臨床の現場でいま医療を続けている多くの現役の医師も、この誓いを医学生時代に心に刻んできました。

二十数年まえ、筆者は兵庫県の神戸市で三宅廉医師とお会いしました。以前から三宅医師が進めていた、パルモア病院での画期的な母と子を守る周産期医療の方式（出産には産科医、助産婦、小児科医が事前にチームを組む）に、三宅医師のお母さんと子どもたちへの誠実な愛の深さを感じました。それは寝食を忘れて母と子に心から尽くす聖医の姿でした。

ヒポクラテスの誓いはここにりっぱに継承されていると感銘しました。八〇歳でなお徹夜宿直をしているのです。この三宅医師が心配されていたのが育児力の低下でした。それで病院内で育児教室を数十年も続けてこられたのではないでしょうか。

いまなんとしても、若いお母さんたちに育児力を取り戻してほしいと思います。しかし育児力とは赤ちゃんの沐浴のさせ方とか、オッパイの飲ませ方とかのような子育ての技術面だけのことではありません。

子どもへの愛を形にして伝える知恵がどれほどお母さんの心にあるかが、本当の育児力の強さです。それも子どもが受け入れて初めて力となるのです。

「目の中に入れても痛くないほどかわいい」という言葉がありました。もうあまり使われてはいませんね。でも本当にかわいいと思う気持ちを表わしたものでしょう。

あなたは赤ちゃんのうんちをナメたり嗅いだりしたことがありますか？　昔のお母さんはだれでもその経験があります。それで赤ちゃんの体調を判断したのです。

一歳ぐらいの赤ちゃんがカゼをひき、鼻づまりでグズグズとむずかって寝つきません。それでお母さんが、つまった鼻汁を口づけでチュウチュウ吸い出しました。

赤ちゃんは息がしやすくなったのか、スヤスヤと眠りだし、翌朝にはカゼも治って元気になりました。これは筆者が五歳のときの妹と母の場合です。見ていた私も子ども心に、お母さんてすごく頼りになるなあ、と思ったものでした。

子育てのミスの直し方

「三歳の女の子をたびたび、おばあちゃんに預けて夫婦だけで外出していたら、すっかりおばあちゃん子になってしまい、私のいうことを聞かなくなって弱っています」

こんな相談がお母さんからありました。

おばあちゃんがやさしすぎるからではないか、などと身勝手なことまでいいます。この子は寂しいからおばあちゃんに甘えたのでしょう。おばあちゃんはそう思って受け入れたのです。預けたついでにしつけまで、とは無理な話です。

しつけはついでにとか、片手間にとかでできるものではありません。ここまで読みすすまれたお母さんには分かるはずです。

自宅に連れ帰った子どもがふくれているので、「○○ちゃんはおばあちゃんがいちばん好きなんでしょう。お母さんは嫌いなの?」とお母さんが問いただすと、子どもは「うん……そうなの」というのでまたがっくりしたそうです。

その質問の仕方が悪いですね。「お母さんも好きだけど、おばあちゃんも好きなのね」とあらためて聞いてみなさいと答えたら、しばらくして再電話。やっぱり「うん……そうなの」と同じ返事だったそうです。子どもは心を簡単に整理して言葉にすることはできません。誘導するような質問をしたら、成り行きまかせの返事をするものです。

自分で惑わした幼児の言葉を本気にとらないようにしましょう。また誘導するならよい答えが出るような質問にしたいものです。

スーツ一着仕立てるのにも、生地選びから柄合わせ、やっと気にいったものを見つけ仮縫いしつけとなかなか面倒なものです。しつけ糸のつけ間違いでやり直しなんてこともありますね。

子育てはそれよりはるかに大事業なのです。人間の創造ということです。どのお母さんも実際に芸術家であることは間違いありません。英雄シーザーもクレオパトラも、赤ちゃんのときはお母さんに抱かれオッパイで育てられてきました。

彫塑でいえば、子育ては人になる基礎的な長い長いデッサンです。途中のデッサンミスも当然あるわけです。問題はそのときの直し方です。

一般的によくいわれる「この子どもは〇〇反抗期ですね」と決めつける見方は、まったくのこじつけです。自然は子どもの心にそのような欠陥を作ってはいないからです。もしも自分を保護するものに反抗するのが当然だったら、人類はとっくに滅亡しています。反抗するのは自然的な時間ではなく保護者（お母さん）の育て方のミスなのです。子どもの成長過程にあわせた子育てのルールに外れたからです。子どもの反抗とは、そのときどきのミスに対しての無言の抗議と思いましょう。

たしかに、細胞生理学で知られているように、子どもは生後三年おきに真竹のように一つひとつ節目を迎えて成長します。これは人の細胞の総入れ替えの時期に当たります。三歳児の節目、六歳の節目……というように節目の時期に大きく成長しています。

そのとき、体の動きや考え方や心（感性、性格、情緒）も、自我と個性という形で成長変化しているわけです。その変化に対応できるように自然は、母性に大きな力を与えています。子育てのミスを直す力です。

話がちょっと脇道にそれますが、浅漬けという漬物がありますね。たった一日か二日、軽く塩もみして圧力をかけておくだけで、白菜や大根葉が生のままよりおいしい食べ物になります。手塩にかけたタッチングですね。

私たちは生まれる前、受精卵として子宮内に着床して以来四〇週のあいだお母さんの胎内にいます。そこにはたっぷりとした羊水がありました。お母さん自身の体液や、母性ホルモンなどが混ぜ合わされた生理食塩水です。私たちは、お母さんの胎内で一〇カ月ぐらいお母さん漬け（ママ漬け）になっていたわけです。

このお母さんの影響は大変なものです。子どもの人生をよくも悪くもできる大きな力を持っているのです。母性の力を過小評価してはいけません。子育てにミスったりすると、お母さん自身が自信喪失しますが、それは間違いです。

自然は、子育てが失敗した場合も予定して、矯正力（直し方）まで母性に与えています。母性は子どもに対して大きなエネルギーを秘めているのです。確信を持ちましょう。

あの芥川龍之介の著作に『杜子春』という名作があります。中国の唐代の話ですが、杜子春という若者が放蕩《ほうとう》の限りを尽くして親を苦しめていました。あるとき仙人になってもっと遊ぼうと仙人に弟子入りしようとしました。

仙人から出された条件は「どんなことがあっても声を出さないこと」でしたから、杜子春はそんなことならお易いことと引き受けました。

杜子春は地獄にいました。鬼がいくら責めても杜子春はひと言も口をききません。腹を立てた鬼は、牛にされた杜子春のお母さんを連れてきて責めだしました。

お母さん牛は責められながら杜子春をじっと見て「おまえが幸せになるならいいんだよ」と目で伝えました。その涙を湛えた目を見た杜子春は、思わず「お母さん」といったとき目が覚めました。「お母さんがあんなに悲しむなら、もう仙人にはならない」。それから杜子春は生まれ変わったような若者になった、という話です。

お母さんの涙は、子どもが間違ったとき直すことができる特効薬にもなるのです。この話は、みなさんもご存知だと思いますが、いま文庫本にもあるはずですから、子どもが小学生ぐらいだったらぜひすすめてほしい一冊です。

子どもが反抗してどうにもならないときがあります。とくに中学生や高校生になると友人のいうことは聞くが、親の話はまったく聞かないという相談がよくあります。

もともとは幼児期の育て方のミスから始まっているのですが、親は意外に気づかない人が多いのです。愛情のすれ違いが結果として現れてきたのです。

児童期のしつけで育児力の大きいお母さんは、子どもに注意するときも言葉に気をつけます。「そんなことすると危ないからやめてよ！」と叱ったりしたら、「ごめんね、大きな声でどなったりして悪かったわ」と、あとでなだめます。

これは本質的に、子どもが間違ったことをしたのは、親である自分の育て方が悪かったと思う内省の情が働いているからです。このなだめながら注意する直し方なら、子どもは案外素直に聞いてくれるものです。

幼児のしつけ方で、女の子の場合にとくに気をつけてほしいことがあります。ちかごろの性情報の氾濫は目にあまるものがありますが、でも避けられない以上、幼児期から免疫力を育てたいものです。

女の子の育て方ですが、いまの性教育はほとんどが勘違いです。小学生あたりで性教育を受けるといい結果にはなりません。外国版の書籍などから引用した、図解入りで性器の使い方を教える〝性器教育〟が、最新の性教育と思い込んでいるだけです。

幼児期から女の子は、体を絶えず清潔にして、けっして汚れたものを身につけさせないことが一つ。子ども時代に子どもの育て方を学ばせることが一つ。昔からあるママごと遊びなどはいい性教育でした。

そしてお母さんがいつも愛情をたっぷり注いであげること、この三つが性教育の柱です。何十万種という動物で性器の使い方を学ばなかったために滅んだ動物はいませんから。

新しい子育ての文化を子どもに伝えよう

「子育てに自然科学からのアプローチを」と提唱してから三〇年になります。だから別に新しいものではありませんが、よく相談の中で長所伸展子育て法を知りたいと聞かれるので、前書の『甘えのルール』とこの本にまとめたわけです。

「だれでも人の欠点は分かるが、人の長所はなかなか分からない」――これが、長所伸展の子育てのキーワードです。別の言葉でいえば、動物でも相手の欠点やスキは見つけられるが、相手の長所は、賢くないと見つけられないということです。

子育てをするお母さんは賢くあってほしいのです。賢いお母さんは、すぐに子どものいい面を見つけだし、それを認め引きだすように育てます。子どもは当然、触られたところがよく成長していきます。〝長所伸展〟です。

反対に、お母さんが子どものアラ探しをして欠点をつつけば、触れられた欠点のところはますます大きくなります。〝短所伸展〟です。けがの傷口でも皮膚炎を起こした腫れものでも、つつけばつつくほど悪化します。自然科学のルールです。

いま子育てに、文系教育の思想概念が入り込み混乱を引き起こしています。教育界には理系の生物生理学や動物学の、自然科学の概念が不足しているからです。昨年からアメリカの一部の大学では、教育学部学生の必須科目に生物学や細胞学が取り入れられると報道されました。たぶん一〇年ほどたつとこちらの大学も追っかけてそうなるでしょう。

教育でも、される相手は生き物です。人間です。コンピュータソフトでプログラムを打ち込むような、流れ作業ではうまくいくはずはありません。

子育て教育は、相手が人であることを忘れては役に立たないのです。子どもを変化させ成長させる状況を与えるのは、まず教える側の使命感が必要です。それから、よい環境に置き、よい刺激を与え、その刺激を子どもが消化熟成する時間を理解すること。つまり、子育て教育とは「よい刺激を与え、熟成を待つ」ことです。

北風と太陽が賭けをしました。道を行く旅人の上着をだれが早く脱がせるかです。北風は猛烈な風を吹きつけましたが、旅人はかえって上着にしがみつきました。太陽はポカポカと温かい光を旅人に送り待ちました。温かくなった旅人は上着を脱ぎました。

だれでも知っているイソップの北風と太陽の話ですね。寓話とはおもしろいものです。聞いたときはなるほどと思っても、自分のこととしては生かしません。この話は、子育て教育の原則のいくつかが含まれていると思います。

昔の子どもの遊びの中に、ママごと遊びというのがありました。みなさんはされたことがありますか。家の近くの幼児が集まって、それぞれが小さなお父さんとお母さん役になります。いちばん小さな子が赤ちゃん役で、家族の出来事を演じるわけです。

子どもに子どもの育て方を自然に伝えるいい遊びなのですが、このごろはまったく見かけなくなりました。せめて保育園や幼稚園でも幼児が集まるところでは、ぜひママごと遊びを復活させてほしいものです。子どもが多くのことを学べるからです。

子どもが三、四歳になると、お父さんも遊んであげますね。子育ての場合のお父さんの役割も大切ではありますが、お母さんが子どもの命と心と体を育てる、と同時にお父さんはそのサポートをしながら子どもの教育をします。

教育はまえにもいったように、子どもが成長していく過程での、社会が必要とする知識と能力、そして才能や技術の習熟になります。これは子どもが公教育に進むまえの準備にもなるものですから、お父さんは自分の得意な分野で教えればよいのです。

幼い子どもにするお父さんの教育は、子どもがそれをできたかどうかという結果より、過程で努力を尽くしたかに重点を置いてしてください。キャッチボールでもストライクをいくつ投げたかではなく、下手でも全力でしたならそれを認めてあげることです。

いまの教育が歪んできたのは、この過程を大切にする重点を間違え、結果のみに重点を置きすぎて、重心が安定しなくなったからです。子どもはそれぞれに違うものです。記憶はだめでも想像力はすぐれていたり、運動はだめでも文章はうまいという具合です。

ベルトコンベアで流す大量生産の電化製品のように〝結果の規格さえ通れば合格品〟として市場に送りだせる、という考え方が教育の世界まで侵しています。それがどれほど、すぐれた子どもたちの隠れた才能を押しつぶしているか——怖いことです。お父さんがする子どもへの教育は「プロセスの努力を認める」がキーワードになります。

あるとき「妊娠一六週です。美人かハンサムで頭のいい子どもが欲しいのです。それができる胎教はありませんか」と相談がありました。なかなか欲ばりのお母さんです。でもこのお母さんは正直な人だと思いました。

親はだれでも心の中にはその気持ちはあるはずです。健康で明るく才能があって美人でハンサムで頭のいい子は、親であるならみんな願って望むことです。欲ばりと自分で思うことはありません。念ずれば通じるというたとえもあるのですから。

必死に願えば叶うものです。お母さん賢くなりましょう。人の言葉より自分で確かめ、よいと納得したら実行するのです。子どもはお母さんの期待に応えます。

子育てのコツの中でも、お母さんにいつもしてほしいことがあります。暗示です。子どもが幼いほどよく効きます。「〇子ちゃんはとってもかわいいね」を一日何十回もいい続けたお母さんを知っていますが、生まれたときより本当に美人になりました。

これを他動暗示といいます。お母さんの愛のエネルギーが正しく伝われば、子どもの全細胞は答えるのです。かわいくなろうと努力したのです。反対に「〇〇はバカだ、バカだねえ」と子どもにいい続けると本当にバカになります。

お母さんの暗示の力はそれほど強いのです。心して軽はずみな言葉は使わないようにしてください。この他動暗示は、実際に多くのマジックショウなどでも盛んに使われて、観客を惑わし楽しませています。

でも子どもにお母さんが「お前は天才だよ」などと使う場合は、お母さん自身が本当にそう思わなくては効きません。そのときは、お母さんが自己暗示をします。この子は本当に天才なんだ、と確信を持つようになればいいのです。

これはけっしていいかげんなことではありません。歴史上の実例が多くあるのです。世界でもすぐれた業績を残した偉人といわれる人々のお母さんは、みなさんこのように子どもを信じ他動暗示を送っていました。

「言葉がだんだん悪くなって困ります。三歳の男の子ですが幼稚園に行きだしてから、急に『ババア、うるさいんだよ』なんていわれてびっくりしました。これは友だちが悪いのでしょうか」というお母さんがいました。

子育てしつけでも言葉の相談はよくあります。子どもは集団の中に参加した当初は多少興奮ぎみになります。初めて聞く新しい言葉など得意になって話すものです。それほど心配することではありません。聞き流しましょう。

それより、お母さんは子どもとの日常会話に気をつけたいものです。データによると幼児を育てているお母さんが一日に話す言葉は、「ぐずぐずしてないの」「早くしなさい」「ダメじゃないの」「どうしてできないの」「いつまでもへただねぇ」が九〇％です。「ケチつけ、セキたて、グチる、ケナす」――この情緒をかき乱す四つの言葉が、子どものやる気をつぶすプレッシャーなのですが、ほとんどのお母さんは何気なく使っています。

反対の、わずか一〇％の「あわてないで」「よくできたね」「それでいいよ」「じょうずだねぇ」、この言葉は、子どものやる気を引き出すエネルギー源になります。

お母さんの言葉は、使い方（イントネーション）でも子どもの心を萎縮させたり、大きく成長させたりする力を持っていると知りましょう。

子育てしつけに使う言葉は「こうしなさい」というような命令口調はやめましょう。そのとき一応子どもは従ったようでも、表面的なものになるだけです。これを〝見せかけしつけ〟といいます。

家事のお手伝いを幼児にさせるときでも「何々のじゃまをして悪いんだけど、この片づけを手伝ってお母さんを助けてね」と頼む。してくれたあとは「ありがとう助かったわ」で、子どもは自分の働きがお母さんに必要だと自信を持ちます。

この相手の立場を思いやる言葉、頼むという言葉、ありがとうという言葉をうまく使えるお母さんは育児力が強いのです。実際にこのお母さんは子どもを見事に動かして成長させられます。できるかぎり幼児のときから使ってください。

このような子育てしつけは、自然が昔私たちに教えてくれたものがはじまりでした。人の文化は、子育ての継承から始まったのです。「子育てしつけ」によい方法が見つかれば、それを文化として伝えてきました。

教育近代化という波に洗われ、子育て文化はいま、継承が危うくなっています。狭い部屋で子どもと向き合い、孤独に子育てに奮闘しているお母さんに、子育ての知恵を贈りましょう。大事業を成功させるために。

そしてもし子育てに迷ったときは山や森、川や海のある大自然の中を訪ねましょう。いつも自然はすばらしい教師ですから必ず答えを出してくれます。

このように子育ては、人が人を育てることをつぎの世代、またつぎの世代へと継承していく貴重な文化です。古いといわれる伝統の中にもよいものがあれば引き継ぎ、さらによい子育て方が分かればお母さん自身がつけ加えて、いま育てている子どもにも伝えてほしいと心から願っています。

第7章

「子育てしつけ」の悩み Q&A

―――― お母さんは母性の力を信じよう

一九七五年、「子育てに悩むお母さんの手助けを」と始めた相談電話が、今年で二七年目になりました。相談件数は三万六〇〇〇件あまりです。

社会情勢や家庭環境の変化もあるのでしょうか、相談の内容も年代とともに変わってきました。はじめのころは、赤ちゃんがオッパイを飲まないとか、夜泣きがひど過ぎるとか、体調にからむ育児技術のことが多かったようです。

それが一〇年ほどまえから、子どもの情緒不安定や性格の問題、友だち関係のまずさとかしつけが難しいとか、心の育て方の相談が多くなりだしたのです。子どもの年齢もだんだんだん高くなり、小学校高学年から高校生のことまで幅広くなりました。

実は幼児期の心の育て方のまずさがそのまま児童期、青春期ともち越されてきたような感じです。子どもの心をつくる甘えの受け入れ方、しつけの伝え方が成りゆき任せになっていたのではと考えられます。

しかし、子どものしつけはできるだけ幼児期にしておくと、お母さんもあとあと悩みが少なくなります。楽しい子育てのためにいまちょっと努力しましょう。

昨年の相談の中から一般的な実例をつぎに少しあげておきます。だいたい似たような事例ですから共感するところもあると思います。

Q

八歳の男の子。朝の登校前のときなど、靴下を履いてもいないのに履いたとか、ハンカチやティッシュも用意していないのにしたとか、すぐバレるうそをいいます。いまはこの程度ですが、子どもが信じられなくなるのが不安です。

大阪府　M・Yさん

A

乳幼児期に間違いしつけや過干渉の子育てをされると、子どもはよくこのような小さなうそ（言い訳）をつくようになります。西欧にも昔から〝うそは弱い者のシェルター（待避壕）〟ということわざがありました。

このうそは、お母さんにいい子と思われて歓心を引きたいからです。それが甘えの変形として現れているのです。つまり、幼児期の甘えの不足です。無意識に、うそなどつく必要のない環境づくりを要求しているわけですね。

たとえば、すぐにうそと分かっても「○○ちゃんがそういうなら信じるわ」と受け入れます。人と人のかかわり合いのはじめにあるのが母子関係です。お母さんが子どもを信じなくて、だれがその子を信じるでしょうか。

「そのこと、○○ちゃんはきっといい間違えたのね、次から気をつけようね」と軽く聞き入れてあげましょう。この親和のしつけのコツは、訂正をやさしく繰り返すことです。ただ八歳にもなると子どもも言い訳グセがついているはずです。しつけには多少の時間がかかると思いましょう。きつくいってはダメ、根くらべですね。

小さなうそがいつか大きなうそになるのではないかと、心配の先取りまでするほどのことではありません。お母さんが愛の接触で子どもの心を満たしながら、おおらかに親和のしつけをすれば変わってきます。愛は無限の変革エネルギーですから。

Q

四歳の男の子ですが自発性がなく、着替え、お弁当包みなど日常のことも人の手助けがないとできないようです。人の指図を待つより、自分で考えて行動する自主性を持ってほしいと思うのですが、甘やかしたせいでしょうか。

東京都　Ｎ・Ｔさん

A

これは甘やかしたせいではなく、お母さんが思いどおりに子どもを動かそうと手取り足取り過干渉してきた結果です。過干渉は、子どもの心から自主的な積極性を奪い自信とやる気を減少させる状態に追い込みます。

子育ては、一、二歳ぐらいから家事でも何でも手助けを頼む習慣をつけます。してくれたとき「まあ、ありがとう。ママ助かったわ」とキュッと抱きしめ感謝します。これで子どもの心に「僕でもママの役に立つことができるのだ」と自信が生まれてきます。これが親和性（社会性）のしつけのはじまりです。

このしつけを抜いた過干渉での甘やかしと、甘えを満たすこととの違いに気づいてください。ただ、どのしつけも子どものエネルギーを消耗させますから、まず心の甘えを満たしてあげましょう。エネルギーが不足した状態ではどのしつけも受け入れません。どれほどすぐれた車でもガソリンがなくては走れないのです。

心のガソリンタンクをお母さんの愛のエネルギーで満タンにしてあげましょう。甘えのルールどおりならけっして甘やかしにはなりません。心の甘えを受け入れることと、ルーズなしつけ抜きの甘やかしとを混同しないようにしましょうね。

Q

三歳五カ月の長女がちょっと気に入らないことがあったり、お昼寝のあとなどいつも機嫌が悪く大泣きをして騒ぎます。下の子もいますのでほうっておくと一時間くらいは平気で泣いています。本当にいやになってしまいます。

旭川市 Ｎ・Ｈさん

A

これはしつけの誤りです。正しいしつけのコツを覚えて接したらすぐによくなりますから、お母さん自身が神経質になって情緒不安定にならないでくださいね。

まえにも話しましたが、しつけには情調性と体調性と親和性の三つの領域（domain）がありますから、この子の場合は情調性のしつけが不足しています。

乳幼児期に甘えが満たされないまま、下の妹が生まれたことにショックを受けてラブ・

アウト、つまりお母さんに失恋したと思い情緒不安定になっているのです。情調性のしつけは、子ども自身が自分の感情をコントロールできるように育てることですが、すべてのしつけはエネルギーを子どもから奪うものですから、愛のエネルギーが不足した状態ではどんなしつけも受け入れません。

この子の乳児期の甘えの不足を満たしてあげましょう。タッチングしながら「○○ちゃんのここが大好きよ」と、子どもの体の部分の指とか耳とか口とか好きなところを見つけて伝えます。それが愛のエネルギーを増やす秘訣になります。

Q

四歳九カ月の息子が食事やお風呂のとき「食べたくない」「入りたくない」といって、つぎの行動に移すのにとても苦労します。母親が常勤で働いていますので、一歳から三歳まで保育園、いまは幼稚園に通っています。

神奈川県　S・Kさん

A

こんなとき、わがままと思い込み、しつけを厳しくなどしたら逆効果。より反抗心を植えつけるだけです。『甘えのルール』にも書きましたが、いまのしつけ方のほとんどは、しつけの意味の勘違いしつけとなっています。

しつけは、もともとエネルギーを子どもから奪うものですから、愛のエネルギーの貯金が不足していたら、どんなしつけも受け入れません。子どもの心を知りたければ抱いてほっぺたをなめてみれば分かります。甘いか苦いか、それが心です。心が愛で満たされていれば甘い味になります。しつけはそれからです。

本当のしつけは、情調性と体調性と親和性の三つの領域がありますが、この子の場合は、情調性のしつけが不足しています。子どもの心の甘えを満足させるタッチング（お母さんの）を与え、愛のエネルギーを増やすことが必要です。

添い寝、おんぶ、だっこ、ほほずりと与え方は多くあります。年齢にかかわらずです。

情調のしつけは、心が満たされれば素直に受け入れるようになります。

Q

二歳四カ月の娘のことですが、まだ寝るときにおっぱいを飲みながらの添い寝でないと寝つきません。やめさせようとすると激しく泣くので失敗しました。生後三カ月目からフルタイムで仕事に出たのが影響したのでしょうか。

香港在住　O・Mさん

A

「この点以外は、やる気も好奇心もおう盛、元気も自己主張もはっきりあります」という話ですね。なら、お母さんはそれほど心配しなくてもいいでしょう。

スキンシップを大切にしたのが裏目に出るなどという例はありません。乳児期の甘えさせ方の不足が原因だと思われるからです。お母さんはずいぶんかわいがったつもりでも、子どもには伝わらなかったという愛情すれ違い症候群のひとつです。

乳児期に母親が不在で、甘えが満たされないまま育つと、孤独恐怖から情緒不安になりおびえ（寝ている間にまた母親がいなくなるんじゃないか）ます。〝担保〟としてお母さんのおっぱいにすがっているのです。無理に離乳をすると、こんどは指しゃぶりなどという情緒不安定のしぐさで甘えの不足を補うようになります。

お母さんは離乳にこだわるより、一年前の寂しかった記憶を甘えの大量投与で満たしてあげましょう。もっとお風呂場などで裸の皮膚接触をして、洗いっこしたり、顔をなめあったり、ベタベタ遊んであげること。おびえがなくなれば自然に乳離れします。

Q

七歳の長男です。友達とうまく遊べません。自分の思いどおりにならないことがあると、無理やりでも相手の子を叩いたり、押さえつけたりして自分の意思を通すようです。もっと、やさしさや思いやりの心を育てたいのですが。

大阪府 M・Yさん

A

多くのお母さんが陥る兄弟の育て間違いです。二歳ごろのいちばん甘えたいときに、下の子が生まれたので、弟にお母さんを取られたと思い込みました。その甘えの欲求不満が自我主張として出てきたのです。兄弟や姉妹への対応を「上の子の心優先」の原則を忘れ、いっしょ主義で育てると、まず上の子の心は冷たく自我中心的になるのです。

下の子が生まれたとき、上の子はお母さんに失恋（ラブ・アウト）したと思ったのです。その寂しさが心を冷たくしました。いま、お母さんは一対一で上の子にかかわり合い「いちばん愛しているのはあなただよ」と、納得させる接触をしてあげることが必要です。下の子はお父さんに任せて、上の子と添い寝をするのも効果があります。子どもは温かい愛情で包まれてこそ思いやりの心が育つのです。

よく学校などで小動物を飼わせるとやさしい心が育つとか、勘違いの教えを広げています。でも、人は人を育てる経験以外に思いやりの心は育ちません。下の子の育て方にもっと上の子の助けを求めましょう。

Q

小学一年の息子の個人面談で、担任の先生から「息子さんはよくがんばっています。でもテストの答えなど間違うと『あーあ一生懸命やったのに』と涙を流したりします」といわれました。もう少したくましさを養いたいのですが。

各務原市 Nさん

A

かなり感受性が強すぎる育ち方をしていますね。でも、それ自体は悪いことではないので、それほど心配することはないでしょう。ただ一人っ子の場合、両親の期待に応えようと、意識下にプレッシャーを持つ子が多いので、それをはずしてあげたいものです。それは何事でも結果より努力するプロセスこそ見てほめてあげることです。

また、一人っ子はとくにお母さんの影響を受けやすいので、お母さん自身が神経質になって過干渉に陥らないように。子どもの多少の失敗には「いいからいいから。お母さんだって、よくそんな失敗はしたわよ」と笑って見守るゆとりが必要です。

つぎは、お父さんの出番です。たくましくしたいのなら、たとえ週一回でも父親の連携が欲しいですね。キャッチボールなどで一緒に遊んであげましょう。すべてのスポーツは失敗の連続から学びます。それで結果より過程（練習）の大切さが分かります。

ただ、このときけっしてスポ根的なかかわりをしないこと。楽しく遊ぶというかかわり方が鉄則です。それで気弱さは自然に直っていきます。

Q

六歳の保育園児の女児と男児の双子ですが、二人とも眠るとき指を吸います。男の子は昼もチューチューという音が聞こえるほど指を吸っています。指を吸うために歯並びが悪くなると歯科医にもいわれました。早く直したいのですが。

東京　Aさん

A

双子の育て方は、楽しみも倍なら苦労も倍で、お母さんも大変ですね。指しゃぶりは歯並びのことより、心の欲求不満のほうを心配しましょう。そのまま放置すれば情緒不安定から性格形成にも悪影響が出てきます。離乳期の対応を失敗したのではないでしょうか。男の子にとくに強いしぐさとして出ているのはその表れです。離乳時の甘えさせ方の不足だと思われます。お母さんはずいぶんかわいがったつもりでも、子どもには伝わらなかったという愛情すれ違い症候群のひとつです。

乳幼児期に甘えが不足したまま育つと、欲求不満から情緒不全となって幼児は甘えの対象を自分の指に求めるのです。指を吸うことで甘えの不足を補うわけです。お母さんは指しゃぶりにこだわるより、この子の甘えたい心を満たしてあげることに心くばりをすれば、指吸いは自然に直ります。

一対一で、お風呂場で裸の皮膚接触をしてあげましょう。洗いっこや、遊んであげたり、寝るときはしばらく一対一で添い寝をしてみるのも効果があります。

Q

子どもとの接し方にわだかまりができてしまって、苦しい気持ちと子どもに悪いなという気持ちで悲しい程です。男の子は特別なあつかいがいるのでしょうか、どうしてもうまくいかない親子関係にここ何年も悩み苦しんでいます。

徳島　Jさん

A

多くの相談のうち「母親として子育てに自信がなくなった」というのも二割ぐらいあります。お母さんたちが教育と子育て、過保護と過干渉、甘えと甘やかしの勘違いからか、子育てに迷いが多くなり、子どももお母さんも情緒不安定になっているようです。子育てとは愛情の接触転移ですから、愛情の持ち合わせがたくさんあるお母さんなら情緒不安定にはならないのですが、不足しているお母さんは、やっぱり外から愛情を仕入れなくてはなりません。普通は子どものお父さんがいるわけですから、そこから仕入れるわけです。お父さんの子育ての支援とは、家事や洗濯などの雑用の手伝いではなく、妻であるお母さんの情緒安定への栄養補給です。母親本人の心の甘えを満たしてあげるのが、父親としての本当の子育ての支援となります。次に、子育ての考え方の見直しです。まず、子どものアラ探しはやめましょう。愛情さえ伝われば「よいかげんな子育て」でも立派に子どもは育つものです。そのほうがお母さんの情緒も安定します。

Q

義弟の子どもは女の子ですが、家族が義父母の家に集まると、義父母がしつけようとしており、男の子が二人（上が四歳半）いる私は冷や汗もの。ついつい、いつも以上に子どもに怒ってしまいます。反省……でもどうすればよいのか……。

高知　Ｉさん

A

相談が二通りあるようです。「義父母のしつけへの口出しをどうするか」と「いつも以上に怒る自分をどうしたら」ですね。もともと幼児のしつけは、お母さんにまさる人はおりません。しつけの基本が「愛情を伝える接触」によらないと身につかないからです。コツは、やさしくふれあい、何度も何度も繰り返すことです。

しつけの本質は、グルーミング groom (-ing) =身づくろい=の仕方を覚えさせることです。子どもに日常生活のルールを「皮膚快感」を通して記憶させるのがよいしつけとなります。お母さんは自信を持ってしつけの主導権を手放さないようにしましょう。

近ごろのしつけは、大人の都合や管理の仕方の容易さを求めて、「権威と威圧と強制」で〝押しつけ〟している人が増えてきました。これは、必ず子どもの心におびえと人への不信感を蓄積させ、子どものやる気を奪います。幼児期のしつけをスポーツ根性の叩き込みと混同するのはやめましょう。幼児は嫌だと思っても家族関係はやめられないからです。

Q

一歳半の娘が、急にお風呂を嫌いになって、「風呂に行こう」というと泣いてしまうのです。どうしてでしょうか。

愛知 Fさん

A

相談では自宅の風呂のことか、近所のお風呂屋さんに行くのが嫌なのか分かりませんが、風呂嫌いになった子どもはだいたい似たような原因があるものです。まず、熱すぎるお湯に無理に長く入れられた不快な記憶がいちばん多いようです。子どもの好きな温度は大人より三、四度低めなのですが、銭湯の温度は大人向きの設定です。

自宅で三九度ほどのぬるめの温度にして、お母さんも一緒にツルツル遊びという入浴法をしてみましょう。体を洗うことなど後回しにして、石けんやおもちゃを使って遊んであげるのです。子どもの皮膚は敏感です。ソフトな快感刺激を多く与えれば、すぐに風呂好きになります。

つぎに服の脱ぎ方、着せ方によくある過干渉。やれ、早くしなさいとか、それ、裏表が反対じゃないのとか、口やかましく子どもの着替えに手を出すお母さんがいますが、これは風呂の好き嫌い以前にプロセスが嫌われますからやめましょう。

◉育児力を強くする12のキーワード

1、出生前の場合（妊娠中）は、直接胎児期教育の適性指導を正しく行う
（子育て胎教の七要素の応用と接触五法則に子育て三原則の活用）……原則を生かす

2、幼児で胎教不全の場合は潜在しているフラストレーションを減少させる
（子どもの嫌なことや欠点に触れず形質外観の長所を認めほめる）……目でも指でも

3、自分は愛されていると信じさせると集団に馴染み、やる気が伸びる
（温かく抱きしめるだけでも、接触快感は自信と積極性を育てる）……他動暗示せよ

4、子どものキャラクターリズムを知る。教育にはこの分析と判断が重要
（子どもに勝手なことをさせてみる。リズムにあう接触は情緒を安定）……判断が大事

5、情緒、感情は絶えず変化する。性格、性質の変化はゆっくりと
（変化の高調期と低調期の起伏、波動がキャラクターリズム）……歩幅をあわす

6、個性（情緒と性格）のリズムにあうプロジェクトの変化選択を
（情緒はしぐさに、性格は意識的動作に。同調の指導で個性は育つ）……誘導法を使う

7、リズムが分かれば、まず好きなことから繰り返し棒暗記させる

（好きなことの中から、より意味のある行為を選択して与える）……音なら楽器を
8、男児は目から、女児は耳からを主体にした接触法で指導教育を
（男女の六感の感受性と影響力の違いを応用して感性を育てる）……感受差を活用
9、目標はできるだけ小さく達成しやすく設定して与えること
（達成時に生理的快感を与える。やさしくなでたりなど）……分かりやすく
10、そのときわずかな成長と変化成長でも、具体的に認めほめあげる
（自分はすぐれていると思わせる他動暗示が必要である）……進歩を見落とすな
11、集中力の欠如は忍耐心の弱さ、意思力と心理耐性が弱体化している
（集団に役立つ行為、部屋の後片づけとかに参加させ認め励ます）……意味ある参加を
12、人前で皆に認められる目標達成の快感を多く与える機会を作る
（まわりから信頼され認められる心理的快感は意思力を強化する）……自信を育てよ
付、子どもがわざと失敗したり注意を聞かず勝手な行為をするときの矯正法
（叱らずに教え方がまずくないか反省。緊急には指導側が泣いてみせる）

第8章
「しつけ」と「甘え」のルール

―― 育児力を強くするセミナーカリキュラム

社会文化の混濁と経済の不安定化の影響もあって、子育ての環境が悪化しています。その中で、いま子育て中のお母さんたちの迷いも増えるばかりです。

子どもを前に、一人で悩んでいるお母さんの負担を少しでも軽くするために、「お母さん自身の育児力を強くしよう」との運動を進めてきました。

東京周辺から関西方面まで全国各地ですが、各地の公民館の家庭学級や地域新聞社の母親教室など、講演とセミナーの開催されたところも一〇〇カ所を越えました。

わずか五〇年まえと比較しても、子どもたちが受ける教育内容の変化の激しさ、質量ともに約一〇倍になっています。いまの子どもたちは当時の子どもたちの、倍のプレッシャーを受けているということになります。

小学校でいえば、四年生の授業からだったかけ算や割り算が二年生から始まったり、中学からの英語学習も小学生で取り入れるなどなど。

なかば強引に成長させてきた産業や経済を維持発展させるため、教育も社会の要求に応じる必要性があったわけでしょう。ゆとりの教育とか言葉は聞きますが実体はありません。ここまできた教育レベルをいまさら引き下げられるはずはないのです。それは教育国際化の流れにも逆行してしまうからです。多くの子どもたちはあえいでいます。

子どもを守るものはお母さんです。いまのお母さんは五〇年まえの一〇倍の力を持った育児力が必要とされています。過去の子育て方法では子どもを守りきれなくなりました。教育が複雑高度化すれば、当然、子育ての方法も高度化しなければ子どもの心のバランスがとれない時代になりました。そのためにも育児力を高めてほしいと思います。

育児力を強くするセミナーのカリキュラム内容をつぎにあげておきます。

第1週　子どもの心の育て方

1、子どもに愛情失調症候群が多発して心の免疫力の低下が増えています。新しい子育ての物差しとは。触れ合いの専門家はお母さんがベターであること。いまの子育ての考え方の物差しを見直してみましょう。ゼミで育児力を強化します。教育と子育ての違い。教育は知識、能力、才能、技術の学習です。子育ては皮膚接触ですが、心の育て方で大事なのは甘えの受け入れ方としつけの伝え方です。心の要素の感性と性格と情緒のエネルギーバランスを正常にする方法を伝えます。心と知能と体の育成には、すべて外部からの刺激エネルギーの補給が必要です。二億分の一の奇跡から生命は誕生＝愛の引力がこの奇跡を生み出すエネルギーです。

2、子育ての目標と育て方。欲求への応え方が子育てのはじまり。知性と感性の豊かな子、愛とやさしさにあふれた子、勇気と根性に満ちた子、健康でやる気のある子、美人で聡明が多くのお母さんの子育ての目標。育て方とは。生理的欲望、安全の保証、愛される期待、承認の希望、自己実現の欲求を満たす。

自己実現とは人に必要とされる希望。つまり集団への帰属と個性の尊重です。受容の接触で心は伸びる。拒否の接触では歪む。風呂嫌い相談例、よいかげんさの効用。

3、すべては母性から始まる。自然が母性に贈った進化のキー。性の違いの理由はDNAの欠陥部分の修復のため。生命の多様化が進化です。

人の胎児は受胎三週目まで、すべて母性体になるように自然は作りました。子どもの心の子育ては生物生理学、免疫学＝母性学を基本にすれば安心です。

生物生理学＝生命はどのような環境がよいか、よい刺激とは何かの自然科学です。

母性は神だった。世界の母神像の伝説。子育ては最高の創造芸術です。

4、心を育てるタイミング。周産期に心の育つ方向が決まる。医学的な周産期とは妊娠二八週目から出生一週間目までの時期をさしますが、心の育て方の基礎育成期間は妊娠初期から出生後三年間を周産期育児の適応期としています。

この周産期に自律神経と脳細胞のシナプスの配線の九〇％が完成するからです。

心づくりが子育てのすべての土台。建物でいえば基礎づくり。ピサの斜塔の実例の話。

5、子育て長所伸展法。賢い親は子の長所を引き出す。幼い親は子のあら探しをする。子育ての秘訣は、皮膚刺激の三原則の音育、動育、心育の使い方にあります。長所伸展法は子どもの長所、よい面の発見法と領域の心の使い方を伸ばすこと。小児科学の子どもの成長因子と要因を知って活用しましょう。成長因子には、内因子、遺伝子条件と外因子、身体環境刺激があります。内因子、体型、体質、先天性疾患の有無と改善。外因子、身体＝環境＝食養＝運動。知能＝教育＝知識＝才能学習。心＝愛情刺激＝情緒安定＝免疫力の強化。

6、Q＆Aタイム

第2週　心は感性と性格と情緒

1、心はエネルギーの入れ物。心の目的は共生、役割は多様化。心つまり袋です。中に入っているのが感性と性格と情緒という要素で、心を育てるとは、この各要素に刺激を与えエネルギーの補給をするということです。

感性は音育、振動の与え方で、性格は動育、愛の引力の与え方で、また情緒は心育として母の情緒安定の与え方で伝えられます。

心のあり場所は六〇兆の細胞。脳に心はない。草花にも意思があるが脳はない。

2、心の免疫力の強化。全身の意思が免疫、耐性を決める。子育ての目的は子どもの心身の免疫力の強化。キメラ、ウズラの頭をニワトリの体に移植すると、頭はウズラ体はニワトリで育つが一〇日ほどで死にます。全身の意思が拒否するからです。

体内を犯す細菌は頭脳の指令がなくても免疫細胞の意思だけで排除されています。環境悪化で単細胞の粘菌類キモジホコリカビの集団引越の例。抗生物質を使えば必ず耐性菌が出現する。ペニシリンの発見でノーベル賞を受賞したフレミング博士の予言。

3、五感と皮膚触感の違い。脳はメモリーとホルモンの配分器官にすぎない。

知能教育に必要な感覚器官は聴覚、嗅覚、味覚、視覚、平衡覚の首から上にある五感覚。心の育て方で大事な感覚器官は体性感覚という皮膚触感。心のある場所は全身の六

○兆の細胞の中。心の育て方は全身の体性感覚への刺激。要因は、湿度、温度、強弱、粗密、方向、リズム、時間です。
子育てとはこの刺激要因の組み合わせと使い方のことです。

4、愛のサイトーシス、愛情は皮膚刺激でしか伝わらない。
ラブトーク＝愛情の振動での音育は感性を育てます。音は振動の一部です。
ジョイントモーション＝引き合う力、愛の引力の動育は性格の方向を決めます。
母親の安定した情緒の皮膚接触＝タッチングは、子どもの情緒を安定させます。
皮膚接触には良質の水分、ウエットさが大切です。
愛情補給＝膜動輸送＝サイトーシス。不快刺激＝細胞萎縮＝アポトーシス。

5、子どもに愛情を伝えるコツ、言葉は意味よりイントネーションが大切です。
① I love you、ほめ言葉はやる気をつくる。叱る言葉はいや気をつくる。
② 心の甘えは心で満たす、物で替えない。しつけはやさしく何度も繰り返す。
③ よいかげんさの効用。許容力の大きさが免疫力を強化。地震耐力の話。

④ 子育てはじめ、子どもの汗の味と匂いを覚える。お風呂はすてきな触れ合い場。
⑤ 猫なで声 love talk は情緒安定。なめ合い抱き合い添い寝は生物の知恵です。

6、Q&Aタイム

第3週 甘えは心の栄養素

1、甘えの充実と自信。心の袋は甘えが充実すると強化される。
甘えは生命がまわりに受け入れてもらえるかの確認作業です。拒否されると周囲に敵意と不信感を持ちます。母性は甘えを与えられる本質を持っています。適当なときに基本的な甘えが充実されれば、子どもはあとは甘えなくても、たくましく成長します。

心の土台の栄養十分なら子どもは天賦の才能を発揮できます。

2、甘えの受け入れと記憶。五官刺激は頭に、皮膚刺激は全身に与えるもの。

五感覚の受け入れ器官は、耳と鼻と舌と目と三半規管の五官ですが、甘えの受け入れ器官は六感覚目の皮膚器官です。よくいう第六感とはこの皮膚の体性感覚のことです。首から上の五官ばかり大事にすると、心ない知能だけの頭でっかちとなります。体性感覚に快感刺激を与えると、満たされた感覚は脊髄を通し全身に記憶されます。頭で覚えたことは忘れても、体が覚えたことは忘れない。水泳や自転車乗りなどの話。

3、身体の栄養と心の栄養。心身には栄養価より食べさせ方が大事です。栄養の吸収不足で失調に育った身体はちょっとした感染症でも命を失います。心の栄養失調は、乳幼児期の甘えの不足から起こります。栄養不足の不健康な身体と同様に、心もまたちょっとした挫折から狂いだすのです。

幼いときの甘えの不足は、心の免疫性、耐性を大きく低下させてしまいます。乳幼児期に甘えが満たされず育つと、成人してからも幼児性を卒業できません。心の栄養不足は成人してからも、人のマインドコントロールに陥りやすい。

4、心の感受性と察知力。原因と結果を同時に考える。

感受性は、周囲から受け入れられる安心感＝甘えの充実と満足で豊かに育つのです。甘えが満たされず育つと、この感受性、刺激を受け入れ理解する力＝察知力がひ弱くなり行動が消極的となって、性格は内向して情緒も不安定となります。

甘え不足の自信喪失した未熟な心とは、絶えず心細くまわりにおびえを持ちます。原因＝時間＝結果から時間を外す。植物の種蒔きは察知力が必要。それが文化です。

5、甘えと甘やかし。保護と干渉を混同すると子育ては失敗します。

心の甘えは心で満たす。物やお金で与えるのが甘やかしで、これは自立心を奪う過保護となる。しかし、子どもがやる気になればできることを、先取りして代わってするのが子育てでもっとも悪い過干渉です。

心の過保護は多少わがままになっても、やさしさとやる気は育つのでいいほうです。

6、Q&Aタイム

第4週　感性は音と振動で育つ

1、感性が決まる振動音。命は振動音の一致から生まれた。
音の与え方で子どもの感性は育つ。音の一致、細胞振動で命は共生体へ成長した。
命のリズム、感性、記憶、性質、セル Cell の感性に同調一致しましょう。
生物の感覚は細胞膜の触感、振動がはじまり。同調で基底状態から励起状態へ変化、
感性を育てる振動の与え方が心の子育てのはじまりです。
よい音育、振動育児で感性から性格の育成へ、また情緒の安定を図ります。
受精のときの振動の一致が卵子を励起させ受け入れ態勢を作った。受精音テープの試
聴、電波放送のフェーディング現象、干渉波が重なると拡大、打ち消し合うと減少する。

2、同調の接触の大切さ。振動の一致は意思の励起を呼ぶ。
音叉、チューニング・フォークの共振や共鳴の原理、カラオケなどの心理的同調。音、
振動はもともと動きから出ますが、感性を育てる振動を理解しましょう。
振動の音階、強弱、高低、リズム、メロディ、ハーモニーなど、音育で大事なものの

リズム、ハーモニーの同調と倍音の与え方を覚えましょう。

キャラクターリズム Character Rhythm とバイオ Bio の違いを理解しよう。

音楽の不思議なパワー読売新聞記事、失語症が治る。豚はモーツアルトが嫌い。

3、倍音が魂を伝える。倍音は振動が一致しやすい。
子どもには母の声は魂の振動。声にも味があって甘い声、渋い声。心穏やかな母の声が魂の振動を伝えるとき、音楽的なアプローチと倍音が多くなります。音声は含まれる倍音の質で感動が伝わるのです。甘い、辛い、苦い、刺激したりなど言葉は意味より、この倍音のリズム、イントネーションが感性へ影響を与えます。

赤ちゃん言葉の喃語も男女のむつごとも英訳は LOVE TALK で同じです。

4、自然音と良音と雑音。よい音は自然の音のリズムにあう。
感性を育てる音には、声、音楽、雑音などがありますが、昔からの童謡や遊戯の数え歌などの子守歌の中にも、よいものや悪いものがあります。母から胎児へのお話コミュニケーション、日常生活の話から創作した童話まで功罪があります。

また、クラシック音楽は感性育児には不向きです。99のテープ音の試聴テスト。名曲といわれる子守歌も、子守っ子に迎合したものは不向きです。

5、感性を育てる自然音。無音の世界では生命は育ちません。感性の補給エネルギーにもっとも適しているのは静かな自然の音が最良です。森の中の木の葉を渡る風の声、小川のせせらぎ、小鳥のさえずりを感性で受け止める。木の内部を流れる樹液流音を子どもに聞かせましょう。樹流音のテープ試聴テスト。

6、Q&Aタイム

第5週　性格は動きと引力で育つ

1、動きで性格の方向が育つ。動きには方向性と引力があります。周産期の子育て中のお母さんの動き方が、子どもの性格、キャラクターの方向を決めていきます。性格は遺伝ではなく周産期につくられたものです。よくいう手相や人相より人の運命を左右するようなこの動き方（動相）に気づきましょう。

運動引力はベクトルVector量＝力の速度・方向y＝ʃ（x）一価関数。子の性格は母子関係のベクトル量の関数x、yの方向で潜在能力ポテンシャルが決定します。

2、ジョイント・モーション と引力。無重力の宇宙で卵は孵化しません。
引力刺激の大切さを知りましょう。月の引力が地球生命の母。原始は月との距離は約一六万キロメートル、現在三八万キロですが、いつも大きな影響を与えています。四五億年の時間を超えて、いまも生物の生理はこの影響を受けています。月の潮汐と生理現象は同調しています。人の五臓六腑のすべての臓器に月偏がついているのも証明です。

フィギュアスケートの男女のペアで滑るとき引力方向があわないと事故になります。

3、ソフトな動きがよい方向。自然はすべて丸く動いています。
お母さんの優美な動き方が、子どもの性格を良性化させます。そして子どもの心に快感を与え脳の発育も促進します。好意を持つ人と社交ダンスのリズムに乗るときなどやまた反対に嫌な人とのときの性格への影響力を考えましょう。愛情の引力の強弱はこの動き方の基本になります。

優美な動きとは丸い動き方ですが、日本舞踊の振りなどにも多く取り入れられている動き方です。子どもとお母さんの相互作用でもっともよい影響を与えるのがこの動き方です。昔からの子どもと一緒の童謡遊戯には必ず入っています。

丸い動きはもとに戻るという安心感があるからです。坂東玉三郎の円舞論の話。

4、アナログ型とデジタル型。連続しない動きは不自然になる。

連続する自然な運動がよい性格を育てます。反対に断続する急激な運動は性格を歪めることが多いようです。体罰のときの動きなど直線的な動き方になります。

また、健康づくりと競技スポーツ運動の勘違いを改めたいものです。エアロビクスなどでの急激な筋肉運動は活性酸素のオゾンを生産し細胞膜の破壊を招きます。

5、悪い刺激は性格を萎縮させる。悪い刺激では植物も枯れます。

植物も急激な悪い接触ではホルモンの分泌が急変化します。葉を引き裂くと全体の葉に危険信号のタンニンやフェノールが急増し枯れます。植物の性質が歪んでいく証明。シラカバ、ミズナラ、ポプラの実験例、一九八三年サイエンス学会誌に発表。

6、Q&Aタイム

第6週　しつけと甘えの生理学

1、心の充実がしつけの始まり。不安定な心のしつけは失敗します。

子育ては甘えに始まりしつけに終わるといわれます。しかし、いまは甘えの充実を抜きにしたしつけが多くなりました。勘違いから権威をもって脅し、威圧、体罰での恐怖のしつけです。これでは表面的には従っても裏では従いません。

一昨年の統計、しつけでの虐待事件は傷害致死一三一件、件数は一万八八〇四件で、一〇年間で一六倍になっています。

スポ根的しつけは心を歪めます。子どもが成長し本人が望んでするのは、あとあと嫌になればやめられる、という心の余裕があってまだいいけれど、幼児期のしつけはこのスポ根的しつけをしないことです。幼児は家庭を嫌でもやめられないからです。

体罰的な極端なしつけは子どものためより、親のいらだちの八つ当たりが多いのです。

しつけの重要な三つの領域、情調と体調と親和のしつけの違いとしつけ方の解説。

2、情調のしつけはタッチング。甘えの充実でします。

「躾」を偏とつくりに分けると身と美しいで、接触すると躾になります。接触が大切。

3、体調のしつけはグルーミング。身繕いの仕方。

体感で記憶させる。このしつけは快感記憶、髪を整えるときなどの快感を記憶させる。

4、親和のしつけはブリーディング。養育の仕方。

自転車乗りや水泳の成功体験など。つまり赤ちゃんの歩きはじめの誘導法。

5、しつけと甘えの生理学。ソフト・ランディング、必ず軟着陸ですること。

学習　余剰学習　不必要な情報を捨てる学習、慣性の変更と新習慣の定着。
　連合学習　二つ以上の刺激が同時にあるときの複数学習。
　結果学習　行動の結果から学習させること。
記憶　短期記憶　分単位の記憶、一時的で後は忘れてもいい記憶。
　長期記憶　幼児期の潜在意識に残る学習記憶、幼児期にかわいがられた記憶。
　記憶の固定化の法則。一定する快感刺激、時間的なリズム、量的積み重ね。
連想　記憶の強化、高次学習、連想記憶と段階的に育成していきます。

強迫しつけは子の体内血管の萎縮から脳内酸素の不足をまねき頭まで悪くする。皮膚の感覚は体性感覚というすべての生物や動物にある生命の基本感覚です。よい皮膚刺激で甘えが満たされると、この体性感覚の受容体のパチニ小体（深い）、マイスナー小体（表面）、クラウゼ小体、ルフィ小体（中位）などが受け取り、その刺激は脊髄を通じ小脳から、副交感神経より全身の各細胞に伝わります。快感刺激は脳内活性化酵素のアセチルコリンを増加、つまり頭もよくなるというわけです。

6、Q&Aタイム

第7週　母と子の情緒はいっしょ

1、子どもの情緒不安定。心の歪みは異常な動作としぐさに現れます。

お母さんが妊娠中は、母と胎児の体は二つだが、心は一つであると先哲は伝えてきました。いまでは、乳幼児期は子宮外胎児期ともいわれますから、三歳までは母と子の心は一つと思いましょう。お母さんの喜びや悩みは子どももまた同じ思いになります。

母が楽しいと子も楽しくなります。子どもの情緒不安定はほとんどが母親の情緒不安定に原因があり、そうしたお母さんはたいてい子どもに対して過干渉依存症候群になっています。情緒不安は無意識の異常なしぐさに現れます。性格の歪みは意識的な動き方の異常さに現れます。

2、食事、教育、運動の与え方。子の感受性にあう対応をしましょう。

食感を大切に。食材の味や栄養より、作り方と与え方が体の吸収率を高めます。

幼児教育は遊びの中にあり。楽しく学ぶの原則であとあと勉強好きにしましょう。

運動は健康作りが目的ですから、競争や記録伸ばしなど押しつけでの結果に偏ると性格を歪めます。運動の動きの楽しいプロセスを覚えさせることが大切です。

箸の上げ下げにまで過干渉すると、反抗心を根付かせ、やる気を奪っていきます。

ナルシシズムを子どもに伝える。自分を愛せなければ人も愛することはできません。

3、心の歪みと直し方。心の歪みは皮膚接触のミスからです。

子どもの心が歪んだときの対応の仕方。男児は目から、女児は耳からを主体に感受差を応用した接触法に育て方を変えてみます。この男女の五感と体性感覚の感受性と影響力の違いを活用して感性に与えると効果的です。

子どもがわざと失敗したり注意を聞かず勝手な行為をするときの矯正は、叱らずに教え方がまずくないか反省します。緊急時にはお母さんが泣いてみせることも必要です。

4、お母さん方の自由な質問と悩みの相談タイム。

◉お母さんの育児力を強くする本

『あなたの子供はこんなに危機にさらされている』
——いまの過酷な環境の中で、どうすれば子供をすこやかに育てられるか
七田　眞　編（米国ニューポート大学幼児教育学部教授）
総合法令出版発行　定価・本体一六〇〇円

『赤ちゃんの未来がひらける「新しい胎教」
——胎児から子育てははじまっている』
七田　眞　著（七田チャイルドアカデミー校長）
ＰＨＰ研究所発行　定価・本体一一五〇円

『パルモア病院日記
——三宅廉と二万人の赤ん坊たち』

中平邦彦　著（神戸新聞社論説副委員長）
新潮社発行　定価・本体一三〇〇円

『情緒障害一一〇番
——お母さんの子育ての悩みに答える、子育て相談二十一年の実録』
信　千秋　著（周産期教育研究会主宰）
鳳鳴堂書店発行　定価・本体一二五〇円

『甘えのルール
——赤ちゃんにあなたの愛情を伝える方法』
信　千秋　著（子育て相談一一〇番主宰）
総合法令出版発行　定価・本体一三〇〇円

『お母さんの「育児力」が強くなる12のルール』
信　千秋　著（子育て相談一一〇番主宰）
総合法令出版発行　定価・本体一三〇〇円

『子どものやる気は肌で育つ』
信　千秋　著（子育て相談一一〇番主宰）
総合法令出版発行　定価・本体一三〇〇円

『おなかの中からはじめる　ハッピー子育て』
信　千秋　著（子育て相談一一〇番主宰）
総合法令出版発行　定価・本体一三〇〇円

◉参考資料　医学教科書の巻頭にある「ヒポクラテスの誓い」

医療にたずさわることを許されたからには全生涯を人道のために捧げる。

恩師に対して尊敬と感謝を捧げる。

患者の健康と生命が第一の関心ごとである。

患者の打ち明けるすべての秘密を厳守する。

医業の名誉と尊い伝統を保持する。

同僚は兄弟とみなす。

人種、宗教、国籍、政党、政派、および社会的地位の如何によって患者を差別待遇しない。

人間の生命を受胎の始めから至上のものとして尊重する。

如何なる弾圧に遭うとも人道に反した目的のためにわが知識を悪用しない。

以上は自由意思によりまた名誉にかけて厳に誓うものである。

おわりに

講演会でよく思うことですが、ちかごろのお母さんたちの目つきが気になります。なにかこう、食いつきそうな顔をして深刻なんですね。

まあ子育てという大事業に取り組んでいて、子どもがなかなか思うように育たないいら立ちもあるのでしょうが。

私が「みなさん、腹をすかしたオオカミのような目つきをしないで、私など食べてもうまくないですよ」というと大笑い。子育ては一過性じゃなくて何年もかかる事業ですから、もう少し肩の力をぬいてのんびりやりましょう。

コツの二つ三つが分かって実行さえすれば、あとはよいかげんでいいのです。一メートルのすき間に一メートル幅のタンスは入りません。どちらかが大きくとか、小さくとかゆとりが必要なんです。無理やり詰め込めばどちらも壊れます。

同様にせっぱ詰まった子育てはミスることが多くなります。一昨年前に書きました『甘えのルール』の中でも、この〝よいかげん〟の子育てをすすめたのですが、お母さんたちにずいぶん受けました。おかげで新聞や情報誌でも八八社が取り上げてくれました。

子育てはルールとコツさえ分かれば極端にならずに、「ちょうどよいかげん」でできるという実際を集めたものでした。

うれしいのは、本を読まれたお母さんたちから「子育てに自信が出てきたので、もう一人、生み育てたくなりました」という連絡が多かったことです。

そのあと全国各地のお母さんたちより、こんどは楽しくしつけができるものをと希望されました。「子育てしつけ」のコツや秘訣を伝えてといわれたわけです。

いまの社会はなにごともずいぶん殺伐としています。でも食うか食われるか、サバイバルだ、などというのはテレビゲームの世界だけでたくさんです。勝ち負けを子育てにまで持ち込まないようにしましょう。大事な子育てだけは、ゆとりをもっておおらかにしたいものです。どれほど子どもも喜ぶでしょうか。お母さん自身も楽しくなること請け合いです。

二〇〇七年、子育て悩みの相談の中から、お母さんたちの悩みを受け止めると、大きくわけて「甘えの受け入れ方」と「しつけの伝え方」に集約されました。

多くのデータはあります。でも子育ての領域はどこまでも奥深く広い。私などまだまだ視野が狭くとてもいきとどきません。いまはここに伝えたルールやコツが本当に役立つように、お母さんたちの愛と行動を願うだけです。

この「しつけ」をまとめるにあたって、幼児教育界の大先輩、七田眞先生と七田厚先生に多くのご示唆をいただきましたことを深く感謝いたします。

さらに児童英語教育で、独創的な企画力と指導性を発揮され活躍中の俊才、船津洋先生と船津徹先生の、心情あふれるご支援に心より感謝いたします。

あとになりましたが、総合法令出版営業部の齊藤さんの熱意と努力には敬服しました。エールを贈ります。その編集部の山本美和さんには、お母さんたちへの思い入れの深さを形にした編集で、この本がよりよくまとまりましたことを感謝いたします。

また東京、名古屋、大阪と各地で子育て一一〇番を応援し、陰にあってしっかりと支えていてくださる各グループのお母さんたち。そのすばらしい方々に重ねて厚く感謝とお礼を申しあげます。ありがとうございました。

二〇〇一年一二月

信　千秋

著者紹介

信 千秋（しん・せんしゅう）

横浜市出身。

1960年より母子教育のテキスト企画と編纂に従事する中で、1975年、続発しはじめた親子関係のトラブルの解決にと、相談電話、子育て一一〇番を開設。以来25年間、アドバイザーとして３万6000人の親たちの心の子育ての悩み相談に応えてきた。

助言は、母子教育書を編纂する過程で多くの医学者や教育学者、哲学者、自然科学者の方々との交流で学んだものと、さらに自然科学の生物生理学の応用によるユニークな独自の子育て論を系統立てた周産期教育理論で裏付けされたものである。

この周産期教育理論よりマーメイド胎教セミナーを17年前に開講。その主任講師として指導中。現在までの受講者は5000余名となっている。

新しい心の子育て教育論の三原則、心育、音育、動育は、具体的な母子相互関係構築の子育て法として、各マスコミでもたびたび報道されている。

・周産期教育研究会主宰
・子育てサポート指導者研修会講師
・マーメイド胎教セミナー主任講師
・成人学級テキスト企画研究室室長
・親子療育相談心育コンサルタント
・情緒障害一一〇番主任カウンセラー

子育てを楽しくする情報

周産期教育研究会（心の子育てや胎教の研究を行っています）
マーメイド胎教セミナー（周産期教育と近代胎教の講習会、妊娠前も歓迎）
親と子の心の療育相談室（心の子育ての相談と指導を行っています）

（お問い合わせ）
信千秋事務所
TEL 072（245）2222

しつけのルール

2002年 3月 6日　初版発行
2009年 9月 1日　3刷発行

著　者　信　千秋
発行者　野村直克
発行所　総合法令出版株式会社
〒107-0052 東京都港区赤坂1-9-15
日本自転車会館2号館7階
電話　03-3584-9821（代）
振替　00140-0-69059
印刷・製本　中央精版印刷株式会社

ISBN978-4-89346-740-9
Printed in Japan